Tartine

tapas e finger food

GIUNTI DEMETRA

Dosi e tempi di preparazione

Se non altrimenti specificato, le dosi consigliate nelle ricette sono sufficienti per 4 persone. Per quanto riguarda i tempi di realizzazione, il primo valore indica il tempo di preparazione (distinto, dove necessario, fra preparazione vera e propria e fasi di riposo, marinatura ecc.); il secondo valore i tempi di cottura. Il calcolo dei tempi non tiene conto dell'eventuale aggiunta di una preparazione di base.

Realizzazione editoriale a cura di Edimedia, Firenze
Progetto grafico: Adriano Nardi

Le ricette e i testi sono tratti dai seguenti volumi, editi da Giunti:
Happy hour, 2005; *Impasti di base*, 2006; *Lunch Box*, 2006; *Picnic*, 2006; *Antipasti di verdure*, 2007; *Il manuale del barman*, 2007; *Pesce crudo e sushi*, 2007; *Tapas. 100 ricette di stuzzichini*, 2007; *Voglia di Cucinare 2*, 2007.

Referenze fotografiche:
tutte le immagini appartengono ad Archivio Giunti / © Giuliano Valsecchi, Firenze
a eccezione delle seguenti:
Archivio Giunti/© Giovanni Petronio, Firenze pp. 41, 61, 66, 85, 91, 101, 108;
Corbis: © Marielle/photocuisine p. 6, © Y. Bagros/photocuisine pp. 26, 80,
© Maximilian Stock Ltd/photocuisine p. 104;
© photocuisine/Tips Images p. 3.

Disegni: Archivio Giunti / © Claudio Innocenti

L'editore si dichiara disponibile a regolare eventuali spettanze per quelle immagini di cui non sia stato possibile reperire la fonte.

Si ringrazia lo *Chef de cuisine* Carla Marchetti
per la preparazione dei piatti fotografati da G. Valsecchi.

www.giunti.it

Via Bolognese 165 – 50139 Firenze – Italia
Via Dante 4 – 20121 Milano – Italia
Prima edizione con il titolo *Tartine & stuzzichini*: giugno 2008
Nuova edizione: settembre 2012

Ristampa	Anno
5 4 3 2 1 0	2016 2015 2014 2013 2012

Sommario

Ricette base

Soprattutto per chi è alle prime armi, risulta più pratico e sbrigativo utilizzare ingredienti base surgelati o comunque già pronti. Se qualcuno desidera però cimentarsi fino in fondo nella preparazione di tartine e stuzzichini, ecco alcune ricette che insegnano a preparare tutto con le proprie mani.

Impasti di base

Impasto per crackers

Ingredienti

80 g di farina, 100 g di fiocchi d'avena, 50 g di fiocchi d'orzo, 20 g di lievito di birra, 2 cucchiai di cumino, 4 cucchiaini di semi di lino macinati, 2 cucchiai d'olio extravergine d'oliva, sale.

Mescolate gli ingredienti secchi, fate la fontana, mettete al centro due cucchiai d'olio e lavorate aggiungendo 1,5 dl circa d'acqua tiepida (in cui avrete sciolto il lievito) fino a ottenere un impasto morbido. Fate riposare il composto per almeno 2 ore, dopodiché stendetelo in maniera sottile e uniforme sulla placca coperta di carta da forno, quindi con un coltello ritagliate la sfoglia in pezzi della forma desiderata e bucherellatela. Mettete a cuocere in forno caldo (190 °C) per 10-15 minuti. Poco prima di estrarli dal forno spennellate la superficie dei crackers con dell'olio.

Impasto per biscotti salati

Ingredienti

500 g di farina, 1 bustina di lievito in polvere per salati, 1 bicchiere di latte, 150 g di burro, un mazzetto di salvia, 1 cucchiaino di sale.

In una terrina unite la farina, il lievito, il sale, la salvia ben tritata e il burro fuso; poi versate poco per volta il latte quanto basta. Amalgamate con cura il composto, quindi tirate una sfoglia dello spessore di 1 cm circa, e con uno stampino rotondo ritagliate tanti biscotti che disporrete su una teglia imburrata. A questo punto passate a cuocere i biscotti salati in forno caldo (180 °C) per una decina di minuti circa, finché non abbiano assunto un bel colore dorato.

Impasto per pane

Ingredienti

Per ogni kg di farina forte (e cioè ricca di glutine) servono 50 g di lievito di birra, 20 g di sale (2 cucchiaini colmi).

Mettete sulla spianatoia 100 g di farina setacciata, e fate un incavo al centro. Sbriciolate tutto il lievito nell'incavo e aggiungete un bicchiere d'acqua a temperatura ambiente. Miscelate gli ingredienti e spolverizzate il composto ottenuto con altra farina; copritelo e mettetelo a riposare in luogo caldo fino a quando sia raddoppiato il suo volume.

Amalgamate questo "lievito" con la rimanente farina, nella quale sia stato già incorporato il sale, e con 3 dl d'acqua. Lavorate a lungo e con vigore il composto su una spianatoia fino a quando questo sia omogeneo ed elastico; copritelo con un telo, mettetelo in luogo caldo, lontano da correnti d'aria, e fate lievitare almeno 2 ore.

Impasto per focaccine

Ingredienti

350 g di farina, 15 g di lievito di birra, 1 cucchiaio d'olio extravergine d'oliva, sale.

Stemperate anzitutto il lievito in un po' d'acqua tiepida, quindi unitelo alla farina disposta a fontana su una spianatoia, assieme all'olio e al sale. Impastate aggiungendo altra acqua tiepida fino a ottenere un impasto piuttosto morbido ed elastico, e lasciatelo poi lievitare, raccolto a palla, in un luogo caldo e al riparo da correnti d'aria per un paio d'ore, coperto da un canovaccio umido.

Quando avrà raddoppiato il suo volume, prendete due terzi della pasta, lavoratela di nuovo, ricavatene una sfoglia aiutandovi con un matterello infarinato, e con questa ricoprite una teglia bassa e infarinata o, direttamente, la placca del forno. Quindi adagiatevi il ripieno prescelto e ricoprite con la restante pasta, tirata in sfoglia sottile. Bucate la superficie con una forchetta e ungete con poco olio. Unite, pizzicottando, le due sfoglie e infornate per circa mezz'ora in forno caldo, mantenendo una temperatura intorno ai 200 °C.

Impasto per pancarré

Ingredienti

600 g di farina, 25 g di lievito di birra, 5 dl di latte tiepido, burro, 1/2 cucchiaino di sale.

Preparate due stampi a cassetta unti e infarinati, quindi passate alla preparazione dell'impasto. Disponete la farina, mescolata al sale, a fontana in una terrina e nel centro versate il lievito sciolto nel latte tiepido; impastate con cura fino a ottenere una massa di media consistenza. Dividete l'impasto in due parti cui darete forma e che sistemerete negli appositi stampi, quindi coprite con un canovaccio e lasciate lievitare in luogo riparato per circa 30 minuti. Al termine del tempo di lievitazione coprite gli stampi con i coperchi appositi o con alluminio e passate a cuocere in forno caldo (180 °C). Dopo circa 45 minuti di cottura eliminate la copertura e lasciate dorare la superficie.

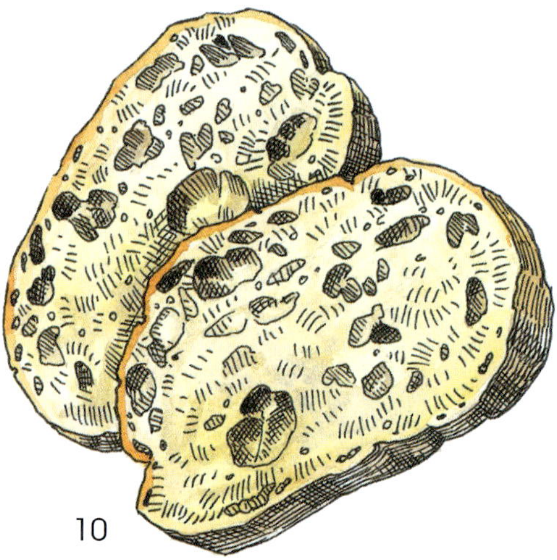

Impasto per taralli

Ingredienti

1 kg di farina, 20 g di lievito di birra, 1/2 bicchiere di vino bianco, 3 dl d'olio extravergine d'oliva, una manciata di semi di finocchio, 1 cucchiaio di sale.

Dopo aver sbriciolato il lievito in un bicchiere d'acqua tiepida, lavoratelo assieme agli altri ingredienti fino a formare un impasto omogeneo e morbido. Lasciate lievitare e quindi preparate delle strisce di pasta. Tagliate le strisce in tanti pezzi, che intreccerete alle estremità per dare la forma tipica. Disponete i taralli così confezionati sulla placca del forno unta e infornate a 180 °C una prima volta; non appena prendono colore estraete, girate i taralli e rimettete in forno così che risultino uniformemente fragranti e dorati.

Sfoglia per vol-au-vent

Ingredienti

200 g di farina, 200 g di burro, 1 tuorlo da spennellare, sale.

Per la preparazione della pasta sfoglia dovrete utilizzare attrezzi freddi e acqua gelata. Impastate la farina e un pizzico di sale con una tazza d'acqua gelata fino a ottenere un impasto sodo che farete riposare, coperto da un canovaccio, in un luogo buio e fresco.

Con le dita bagnate lavorate il burro fino a ottenere la stessa consistenza della pasta, poi dategli una forma rettangolare. Stendete la pasta sul piano di lavoro ben infarinato e al centro disponete il burro; ripiegate la pasta sul burro a mo' di pacchetto e premetela leggermente con il matterello, così che il burro si incorpori, poi lasciate riposare per 5 minuti. Dedicatevi ora alla lavorazione della pasta, ai famosi "giri" di cui necessita per diventare friabile. Tenete a disposizione della farina in modo da infarinare il piano di lavoro e il matterello. Stendete la pasta a rettangolo di 1 cm di spessore, ripiegatela in tre a quadrato e stendetela di nuovo cambiando verso, poi ripiegatela di nuovo in tre e fatela riposare per circa 15 minuti in frigorifero. Ripetete le stesse operazioni, osservando il periodo di riposo per altre tre volte (i "giri" devono essere otto in tutto), dopodiché la pasta sfoglia sarà pronta. Per fare i vol-au-vent utilizzate un tagliapasta rotondo del diametro di circa 7 cm con i bordi dentellati, e ritagliate tutta la pasta. Con un secondo tagliapasta rotondo del diametro di circa 3 cm e non dentellato, incidete, senza arrivare fino in fondo, i dischi di pasta al centro. Appoggiate i dischi sopra una placca da forno imburrata e spennellateli con il tuorlo dell'uovo sbattuto. Metteteli a cuocere in forno caldo (220 °C) per 10 minuti circa.

Pasta frolla salata

Ingredienti

200 g di farina, 100 g di burro, 1 tuorlo d'uovo, sale.

Disponete la farina a fontana su una spianatoia e versate nel mezzo il burro a pezzetti, un pizzico di sale e il tuorlo dell'uovo. Impastate bene con la punta delle dita, unendo poca acqua fredda se necessario, fatene una palla e mettetela a riposare per circa un'ora in un luogo fresco o, addirittura, in frigorifero, ricoperta da un canovaccio.

Quindi tiratela non troppo sottile e disponetela in una tortiera unta d'olio o di burro. Copritela poi con un foglio di carta oleata sovrapposto da un pugno di fagioli secchi – in modo da ottenere una superficie liscia e regolare – e metterla in forno a fuoco moderato per 10-15 minuti. Eliminate i fagioli e la carta e distribuite il ripieno previsto, rimettendo quindi in forno. Se non volete utilizzare i fagioli secchi, potete riempire la pasta con la farcitura e passarla a cottura. Invece del burro, nell'impasto può essere usato olio extravergine d'oliva: il risultato non sarà però lo stesso.

Tartellette e barchette

Ingredienti

200 g di farina, 100 g di burro, sale.

Si tratta di cestini di pasta che possono essere farciti con salse e ripieni dei più svariati. A seconda della forma datagli con gli stampini si definiscono tartellette (tondi) o barchette (ovali). Versate la farina a fontana sul piano di lavoro e in un incavo centrale mettete il burro, lasciato prima ammorbidire e tagliato a pezzettini, e una presa di sale.

Lavorate il tutto aiutandovi con mezzo bicchiere d'acqua fredda fino a ottenere un impasto omogeneo, al quale darete una forma di palla e lascerete riposare coperto con un canovaccio in frigorifero per circa mezz'ora. Con il matterello stendete la sfoglia a 1/2 cm di spessore; sollevatela, riadagiatela sugli stampini precedentemente imburrati e passate sopra con il matterello così da ritagliarla e foderare i contenitori.

Bucherellate la superficie della pasta e coprite con della carta da forno sopra la quale distribuirete alcuni fagioli secchi (per evitare che la pasta si gonfi). Passate a cuocere in forno già caldo (200 °C) per circa 15 minuti, quindi estraete ed eliminate fagioli e carta da forno. Lasciate intiepidire prima di sformare le tartellette.

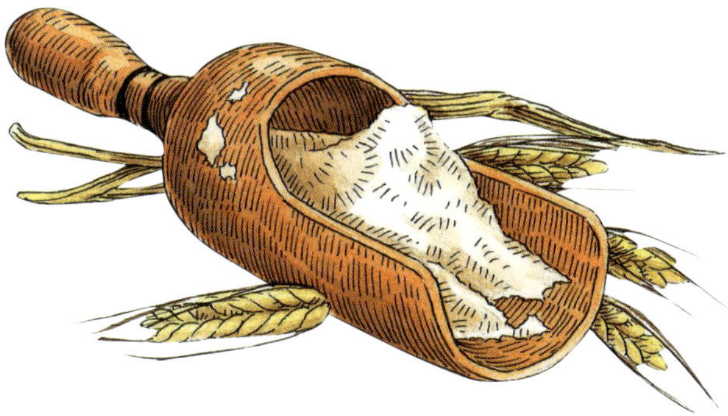

Salatini e sfogliatine

Ingredienti

200 g di farina, 200 g di burro, 1 uovo, sale.

Impastate la farina con un pizzico di sale e una tazza d'acqua, in modo da ottenere un impasto sodo che farete riposare in un luogo buio e fresco. Con le dita bagnate lavorate il burro fino a ottenere la stessa consistenza della pasta, quindi dategli una forma rettangolare. Stendete l'impasto su un piano infarinato e al centro disponete il burro; ripiegate la pasta sul burro e premete leggermente con il matterello in modo che il burro si incorpori; lasciate poi riposare per 5 minuti. Stendete la pasta a rettangolo con 1 cm di spessore, ripiegatela in tre a quadrato e stendetela di nuovo cambiando verso; ripiegatela di nuovo in tre e fatela riposare per circa 15 minuti in frigorifero. Stendete la sfoglia a uno spessore di pochi millimetri e con un bicchiere di imboccatura larga o con l'apposito utensile ritagliate dei tondi di circa 10 cm di diametro. Distribuite il ripieno prescelto al centro di ogni tondo e richiudete a mezzaluna premendo bene i bordi (eventualmente inumidite con un po' di acqua). Disponete i salatini sulla placca del forno unta d'olio e spennellatene la superficie con un po' di tuorlo d'uovo, poi fate cuocere in forno caldo per 20 minuti. Per le sfogliatine procedete alla stessa maniera, ritagliando però la sfoglia a rettangoli che ripiegherete a quadrato sul ripieno.

Impasto per grissini

Ingredienti

400 g di farina, 20 g di lievito di birra fresco o secco, 2 dl di latte, olio extravergine d'oliva, sale.

Impastate la farina già mescolata al sale con il lievito sciolto nel latte tiepido, unendo un po' d'olio a piacere (più ne utilizzerete – ma sempre senza esagerare – più i grissini risulteranno friabili).

Coprite l'impasto e lasciatelo lievitare 30-40 minuti, quindi rimpastate delicatamente. Suddividete l'impasto in tanti piccoli pezzi che modellerete in cannelli lunghi e sottili rotolandoli tra le palme delle mani; tagliateli poi della lunghezza desiderata. Disponete i grissini sulla placca del forno leggermente unta d'olio e passateli a cuocere in forno caldo (200 °C) per 15 minuti circa, finché non saranno dorati e croccanti.

Impasto per pizza

Ingredienti

400 g di farina, 25 g di lievito di birra, 50 g d'olio extravergine d'oliva, sale.

Disponete la farina, con il sale già mescolato, a fontana sopra una spianatoia o su un tavolo adatto. Mettete al centro il lievito, sciolto in mezzo bicchiere circa d'acqua tiepida, e l'olio. Aggiungete, sempre mescolando, tanta acqua quanta serve per ottenere un impasto facile da lavorare, liscio e abbastanza morbido. Lavorate energicamente la pasta, finché non sia diventata morbida ed elastica.

Quindi formate con l'impasto una palla, infarinatela, copritela con un canovaccio umido e lasciatela lievitare in un luogo caldo, per circa 2 ore e mezza. Trascorso questo tempo di riposo, infarinate nuovamente il tavolo o la spianatoia e stendete la pasta con il matterello, tirando una sfoglia rotonda o rettangolare, a seconda della teglia nella quale la farete cuocere. Disponete quindi l'impasto nella teglia infarinata o direttamente sulla piastra di cottura del forno, stendetevi sopra il sugo di pomodoro e lasciatelo riposare al caldo ancora per una ventina di minuti dopo aver leggermente bucherellato la superficie con una forchetta.

Trascorso questo tempo, infornate la teglia nel forno già caldo per una ventina di minuti circa, mantenendo una temperatura intorno ai 200-250 °C; poi sfornatela, aggiungete gli altri ingredienti e rimettete in forno ancora per circa 10 minuti prima di portare in tavola. Se volete una pizza sottile la cottura è di circa 8-10 minuti, poi, dopo aver aggiunto gli altri ingredienti, di altri 5-6 minuti.

Impasto per pane carasau

Ingredienti

500 g di farina di grano duro, 500 g di semola di grano duro, 10 g di lievito di birra, 1 cucchiaio di sale grosso.

Tipico della Sardegna, il pane carasau fino ad un centinaio d'anni fa era il pane d'uso giornaliero delle famiglie benestanti (le persone più modeste lo alternavano al pane d'orzo). In due differenti contenitori, sciogliete il lievito in poca acqua tiepida e il sale in mezzo litro d'acqua, anch'essa tiepida. Fate la fontana con la farina, mettete nel mezzo il lievito, quindi impastate il tutto con 5 dl d'acqua salata fino a ottenere una pasta morbida, umida ma ben amalgamata. Formate con l'impasto delle pagnotte di circa 8 cm di diametro (circa 50 g l'una) e lasciatele lievitare per circa 4 ore in luogo asciutto, coperte con un panno. Spianate le pagnotte con il matterello, tenendole costantemente spolverate di farina perché non si attacchino, fino a ottenere dei dischi di circa 2-3 mm di spessore e 40 cm di diametro. Passate a cuocere le sfoglie in forno ben caldo (almeno 250 °C) e, quando si gonfieranno, dopo pochi minuti staccate lo strato superiore da quello inferiore. A questo stadio il pane in Sardegna viene definito "lentu" e risulterà morbido. Se lo si vuole croccante è necessario infornarlo nuovamente sin quando non risulterà ben asciutto.

Mousse & pâté

Mousse di pesce

Ingredienti

200 g di tonno al naturale, 2 dl di latte, una noce di burro, 1 cucchiaio di farina, succo di 1 limone, qualche goccia di salsa Worcester, capperi, sale.

Fate scaldare il burro in un tegamino; quando sarà sciolto, amalgamate con cura la farina, il latte e un pizzico di sale; mescolate continuamente con un cucchiaio di legno e portate lentamente a bollore.
Togliete dal fuoco il composto quando è denso, lasciatelo raffreddare a temperatura ambiente e mettetelo nel bicchiere di un frullatore; aggiungete il tonno al naturale, il succo filtrato del limone, qualche goccia di salsa Worcester, pochi capperi sminuzzati e frullate fino a ottenere un composto cremoso e saporito. Lasciate per qualche tempo il composto a riposare in frigorifero e quindi usatelo anche semplicemente spalmato su fette di pane abbrustolito.

Mousse di tonno

Ingredienti

300 g di tonno sottolio, 40 g di burro, 75 g di panna montata, qualche goccia di succo di limone.

Lavorate il burro ammorbidito, quindi amalgamatelo alla panna montata e al tonno sottolio ben sgocciolato e frullato con qualche goccia di succo di limone. Mettete il composto in uno stampo foderato di carta d'alluminio e lasciate raffredare in frigorifero prima di utilizzare.

Pâté di ceci

Ingredienti

200 g di ceci lessati, 1 cipolla dolce, una manciata di prezzemolo, 1 spicchio d'aglio, 1 cucchiaio d'olio extravergine d'oliva, pepe nero (oppure paprica, se preferite).

Mettete i ceci lessati nel bicchiere di un frullatore; aggiungete la cipolla dolce tagliata a pezzetti, il prezzemolo fresco che avrete precedentemente ben lavato e asciugato, un pizzico di pepe nero oppure di paprica, l'aglio e l'olio. Frullate fino a ottenere un composto omogeneo.

Pâté di fegato

Ingredienti

200 g di fegatini di pollo, 1 grossa cipolla, 200 g di burro, 1 cucchiaio d'olio extravergine d'oliva, 3-4 cucchiai di marsala secco, 1 cucchiaio di brandy, 150 g di gherigli di noce, sale, pepe.

Fate rosolare in una padella la cipolla tagliata a fettine piuttosto sottili con 100 g di burro e l'olio d'oliva. Tagliate i fegatini di pollo a pezzetti e fateli cuocere in padella con la cipolla per circa una ventina di minuti; trascorso questo periodo bagnate i fega-

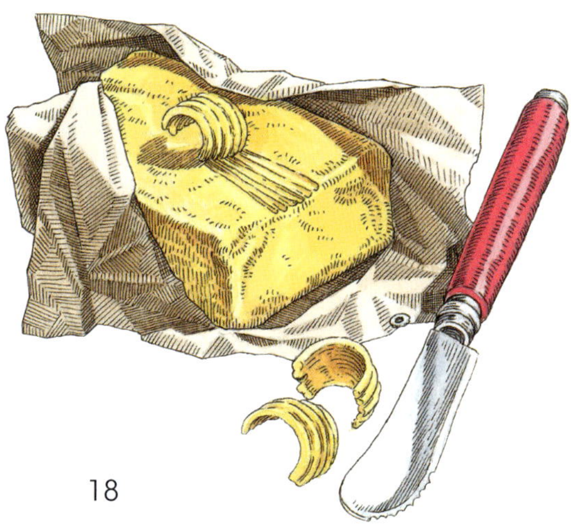

tini con il marsala secco e con il brandy. Insaporite con un pizzico di sale e una macinata di pepe, quindi togliete dal fuoco il fegato.
Dopo averlo lasciato raffreddare a temperatura ambiente, mettete i fegatini nel bicchiere di un capace frullatore assieme ai gherigli di noce e 100 g di burro fuso; frullate per alcuni minuti, così da ottenere un composto cremoso, adatto a essere spalmato su crostini di pane.

Pâté di prosciutto

Ingredienti
200 g di prosciutto cotto, 200 g di ricotta, 100 g di polpa di sedano rapa, 1 cucchiaio di brandy, sale, pepe.

Nel bicchiere del frullatore mettete il prosciutto cotto accuratamente sminuzzato, la ricotta e la polpa di sedano rapa che avrete precedentemente fatto lessare in poca acqua non salata. Aggiungete quindi il brandy, un pizzico di sale e una macinata di pepe fresco; azionate quindi il frullatore per alcuni minuti, in modo da ottenere una crema piuttosto densa e sorprendentemente saporita.

Pâté saporito di aringhe

Ingredienti
2 aringhe, 100 g di formaggio cremoso tipo caprino, 2 cucchiai di panna fresca, latte, 2 cucchiai di succo di limone, un pizzico di pepe nero.

Pulite le aringhe e lasciatele a bagno nel latte per qualche ora così che perdano in parte il loro sapore particolarmente forte; toglietele dal latte e sminuzzatele grossolanamente.
Mettete le aringhe nel bicchiere di un frullatore con il formaggio cremoso tipo caprino, la panna, il succo di limone e un pizzico di pepe nero appena macinato; frullate fino a ottenere un composto cremoso.

Burri composti

Burro all'aglio

Ingredienti

100 g di burro, 50 g di spicchi d'aglio, qualche foglia di basilico.

Tritate finemente gli spicchi d'aglio assieme al basilico. Amalgamate gli aromi al burro lavorato a crema; avvolgetelo in un foglio d'alluminio e lasciate rassodare in frigorifero. Se i pezzettini d'aglio fossero troppo visibili, prima di mettere in frigorifero, passate il composto cremoso con un setaccio a maglia fine oppure lasciate gli spicchi a bagno in acqua bollente per qualche istante (così diverranno bianchissimi).

Burro all'acciuga

Ingredienti

100 g di burro, 50 g di filetti d'acciuga sottosale (o sottolio).

Pulite e diliscate i filetti d'acciuga, tritateli finemente oppure frullateli così da ridurli in pasta. Unite la pasta di acciughe al burro lavorato a crema e amalgamate con cura. Avvolgete il burro in un foglio d'alluminio e fate rassodare in frigorifero.

Burro al curry

Ingredienti

100 g di burro, 1/2 cucchiaino di curry, sale.

Lavorate a crema il burro precedentemente ammorbidito, quindi amalgamatelo con cura a 1/2 cucchiaino di curry e a un pizzico di sale.

Burro al basilico

Ingredienti

100 g di burro, una manciata di foglie di basilico, 1 spicchio d'aglio, 1 cucchiaio di succo di limone, sale, pepe.

Tritate molto finemente una manciata di foglie di basilico freschissimo assieme all'aglio, quindi amalgamate il tutto al burro lavorato a crema. Quando avrete ottenuto un composto omogeneo, aromatizzate con il succo di limone, un pizzico di sale e una macinata di pepe.

Burro al corallo di aragosta

Ingredienti

100 g di burro, 1 aragosta, sale, pepe di Caienna.

Da un'aragosta lessata prelevate il corallo (la sostanza cremosa appena sotto il carapace) e la polpa necessaria ad arrivare allo stesso peso del burro (potrete utilizzare anche la polpa contenuta nelle chele e nella testa). Pestate tutto nel mortaio aiutandovi con qualche cucchiaio del brodo di cottura e filtratelo attraverso un setaccio finissimo, unendolo poi al burro montato a crema. Amalgamate con cura e insaporite con sale e pepe.

Burro ai gamberi

Ingredienti

100 g di burro, 4 gamberi, 1 foglia d'alloro, sale, pepe.

Lessate i gamberi in acqua salata e aromatizzata con la foglia di alloro; scolateli e sgusciateli mettendo da parte le code. Pestate teste e gusci in un mortaio e passate il composto al setaccio unendolo poi alle code che avrete tritato finissimamente. Lavorate il burro a crema e unitevi la polpa di gambero, condendo infine con sale e pepe.

Salse & creme

Salsa allo yogurt

Ingredienti

1 vasetto di yogurt naturale, 1 limone, 1 cucchiaio di capperi, un ciuffo di aneto, 1/2 cipollina, sale, pepe.

Mescolate allo yogurt il succo e la scorza grattugiata (solo la parte gialla) del limone, un trito finissimo di capperi, l'aneto e la cipollina. Insaporite la salsa con sale e pepe e lasciatela raffreddare in frigorifero. Potrete utilizzare la salsa allo yogurt anche per condire insalate di verdura fresca e pesce.

Salsa agrodolce

Ingredienti

250 g di peperoni maturi, 250 g di pomodori maturi e sodi, 120 g di cipolle, 50 g di uvetta, 2 peperoncini rossi, 1 punta di zenzero in polvere, 50 g di zucchero, 2 dl d'aceto, 2 dl d'olio extravergine d'oliva, sale, pepe in grani.

Mondate la verdura. Tritate finemente le cipolle e ponetele a rosolare con l'olio e l'aceto. Dopo poco unite i peperoni e i pomodori (né sbucciati né privati dei semi), anch'essi tritati e insaporite con il peperoncino sminuzzato. Fate appassire le verdure, mescolando spesso. A fine cottura frullate il tutto. Rimettete la salsa sul fuoco e unite l'uvetta – fatta precedentemente ammorbidire in acqua tiepida e asciugata –, lo zucchero, una presa di sale, una macinata di pepe e una punta di zenzero. Lasciate asciugare e insaporire per 10 minuti, quindi servite calda. Potete anche conservare la salsa in vasetti di vetro debitamente puliti e poi sterilizzati prima di essere riposti in luogo fresco e buio. Si conserva per un anno.

Salsa al pomodoro

Ingredienti

4 pomodori maturi, 2-3 spicchi d'aglio, olio extravergine d'oliva, prezzemolo tritato, alcune foglie di basilico, sale, pepe.

Tuffate i pomodori per alcuni istanti in acqua bollente così da riuscire a sbucciarli con facilità; privateli quindi dei semi e tagliateli a spicchi lasciandoli poi scolare dall'acqua di vegetazione dopo averli spolverati con il sale.
Asciugateli tamponandoli con un canovaccio e, dopo averli tritati, mescolateli agli spicchi d'aglio sbucciati e tagliati a metà, quindi lasciate riposare il tutto per circa 30 minuti. Eliminate l'aglio, condite con olio, sale, pepe e un po' di prezzemolo finemente tritato oppure con delle foglie di basilico spezzettate.

Salsa tartara

Ingredienti

1/2 cucchiaio di cipollotto tritato, 2 tuorli d'uovo sodo, 1/2 cucchiaino di senape, 1 cucchiaino d'aceto di vino bianco, 2,5 dl d'olio extravergine d'oliva, sale, pepe.

Lavorate i tuorli d'uovo sbriciolati in una scodella con un cucchiaio di legno fino a ottenere una crema omogenea; unite la senape e versate l'olio extravergine d'oliva a filo, senza mai smettere di mescolare. Amalgamate il cipollotto tritato con l'aceto, un pizzico di sale e una macinata di pepe. Lasciate riposare la salsa in frigorifero prima di servire in tavola.

Salsa tapenade

Ingredienti

200 g di olive nere, 100 g di filetti d'acciuga, 2 cucchiaiate di capperi sottosale, succo filtrato di 1/2 limone, 1 cucchiaio d'olio d'oliva.

Snocciolate le olive nere, quindi mettetele nel bicchiere di un frullatore insieme ai filetti d'acciuga, ai capperi sottosale ben lavati e strizzati, al succo filtrato di mezzo limone e all'olio. Frullate per alcuni minuti e aggiungete ancora, goccia a goccia come si fa per una normale maionese, un po' d'olio in modo da ottenere una crema piuttosto omogenea. Questa salsa può essere conservata in un vaso a chiusura ermetica e utilizzata pura o mescolata a una maionese leggera.

Salsa verde

Ingredienti

2 panini al latte, aceto di vino bianco, 3 acciughe sottosale, 1 tuorlo d'uovo, 3 dl d'olio extravergine d'oliva, un mazzetto di prezzemolo, 1 spicchio d'aglio, pepe.

Sbriciolate la mollica dei panini al latte e bagnatela bene con aceto bianco. Senza passarle sotto l'acqua, ma aiutandovi con un canovaccio, pulite con cura le acciughe dal sale, diliscatele e pestatele in un mortaio riducendole in pasta, quindi mischiatele al tuorlo d'uovo fatto in precedenza rassodare. Emulsionate la pasta di acciughe con l'olio extravergine d'oliva versato a filo, poi unite il prezzemolo e lo spicchio d'aglio entrambi finemente tritati e la mollica di pane strizzata dall'aceto – utilizzate il pestello a mo' di cucchiaio o sostituitelo con un cucchiaio di legno. In ultimo condite con una generosa spolverata di pepe macinato al momento. La salsina dovrà risultare di consistenza semifluida, quindi se dovesse essere necessario unite dell'altro olio. Esiste anche una versione "genovese" di questa famosissima salsa che prevede l'aggiunta di capperi, pinoli e olive verdi, tutti tritati finemente.

Crema di ricotta agli aromi

Ingredienti

200 g di ricotta, 1 spicchio d'aglio, santoreggia, maggiorana, paprica.

Mettete nel frullatore la ricotta, il succo dello spicchio d'aglio, un trito di santoreggia e di maggiorana e un pizzico di paprica; frullate fino ad ottenere una crema omogenea.

Crema di peperoni

Ingredienti

3 peperoni dello stesso colore, succo di limone filtrato, 3 cucchiai di panna fresca, sale, pepe.

Frullate i peperoni insieme con un po' di succo di limone filtrato. Passate il frullato al setaccio e mescolatelo alla panna liquida, insaporendo con sale e pepe.

Crema di melanzane

Ingredienti

5 melanzane, 2 cipolline, 2-3 spicchi d'aglio, olio extravergine d'oliva, coriandolo in polvere, sale, pepe macinato.

Lavate e asciugate le melanzane ben sode; tagliatene le estremità e mettetele in forno a 175 °C per poco più di mezz'ora, fino a che non risultino soffici, quasi molli. Apritele, prelevatene la polpa eliminando buccia, filamenti e semi. Schiacciate la polpa con una forchetta in modo da ridurla in poltiglia; aggiungete goccia a goccia un po' d'olio in modo da ottenere una crema densa e amalgamate il succo degli spicchi d'aglio e delle cipolline fresche; insaporite infine con pepe e coriandolo macinati insieme e, se necessario, con un pizzico di sale. Mettete la crema di melanzane in un contenitore a chiusura ermetica e lasciate riposare in frigorifero fino al momento di servire.

Tartine & tartellette

Una curiosità: le regole della buona cucina di un tempo prevedevano che canapè, tartine e tartellette – e tutto ciò che andava a comporre il cosiddetto "antipasto freddo" – potessero essere serviti esclusivamente in occasione del pranzo. Soltanto il salmone e il caviale, con il loro accompagnamento di crostini e burro, potevano comparire in tavola anche in occasione di una cena impegnativa.

Canapè di asparagi in salsa olandese

Difficoltà: media - Preparazione: 30 minuti - Cottura: 20 minuti

8 fette di pancarré
16 asparagi
sale

Per la salsa olandese:
1 uovo
50 g di burro
2 cucchiai di succo d'arancia
2 cucchiai d'aceto di vino bianco
1/2 cucchiaino di dragoncello secco
sale
pepe

Preparate anzitutto la salsa olandese: versate in un tegamino l'aceto, il dragoncello e insaporite con un pizzico di pepe. Fate scaldare fino a ridurre il liquido a un cucchiaino. Versate il tuorlo nel mixer, unitevi l'aceto lasciato raffreddare e azionate. Quindi versate il burro in un tegamino e scioglietelo, senza farlo soffriggere, poi versatelo a filo nel mixer.

Azionate di nuovo fino a fare addensare la salsa. Alla fine unite il succo d'arancia, mescolando ancora e aggiustando la salsa di sale.

Tagliate gli asparagi a metà e cuoceteli a vapore, lasciandoli abbastanza al dente. Aggiustateli di sale.

Ricavate dalle fette di pancarré dei canapè rotondi (del diametro di 8 cm). Poggiate al centro di ogni canapè 2 asparagi e coprite con una cucchiaiata di salsa olandese.

Arrotolate il canapè intorno agli asparagi e fissate l'involtino con uno stuzzicadenti. Servite su un piatto da portata.

Canapè al groviera

Difficoltà: media - Preparazione: 30 minuti - Cottura: 30 minuti

1 forma di pane a cassetta
250 g di latte
150 g di groviera
30 g di burro
25 g di farina
1 uovo
sale
pepe

Togliete la crosta al pane a cassetta e tagliatelo a fette dello spessore di 1 cm circa; grattugiate il groviera.

Mettete in un tegame il burro, fatelo sciogliere a fuoco lento; unite la farina e mescolatela in continuazione così che non si formino grumi; aggiungete a poco a poco il latte e un pizzico di sale e continuate a mescolare fino a quando la salsa non comincia ad addensarsi.

Aggiungete a questo punto metà del groviera, togliete dal fuoco e amalgamate alla salsa un tuorlo e un pizzico di pepe.

Distribuite sulle fette di pane il composto e spolverizzate con la parte rimanente del groviera. Appoggiate le tartine su una teglia e mettetele in forno caldo (200 °C) per 10 minuti. Servite le tartine ben calde.

Questo canapè può essere preparato anche sostituendo una parte del groviera con parmigiano reggiano o grana padano e aggiungendo al composto dei gherigli di noce grossolanamente tritati.

Canapè alla mousse di granchio

Difficoltà: facile - Preparazione: 20 minuti

Passate al mixer la polpa di granchio e amalgamatela con le patate lesse e il burro, ripassando tutto al mixer fino a ottenere una crema omogenea. Aggiustate di sale e insaporite con un po' di paprica.

Montate la panna e amalgamatela al composto delicatamente, facendo attenzione a non smontarla. Tagliate il pane a cassetta a fette e ricavatene 20-25 canapè con uno stampino rotondo. Nappateli con la mousse e guarnite ciascuno con una fettina di cetriolo e una fogliolina di menta.

- 1 forma di pane a cassetta
- 75 g di polpa di granchio in scatola
- 100 g di patate lesse
- 1 cetriolo
- 1,5 dl di panna fresca
- 30 g di burro
- paprica
- foglioline di menta
- sale

Canapè sfiziosi

Difficoltà: facile - Preparazione: 10 minuti

Tagliate le fette di pancarré in quattro quadrati e tostatele leggermente. Spalmate le fette con un po' di burro.

Disponete sopra una fettina sottile di pomodoro verde (privato dei semi), una strisciolina di prosciutto arrotolata e un pezzetto di foglia di insalata riccia.

- 8 fette di pancarré
- 2 pomodori verdi
- 4 fette spesse di prosciutto cotto
- burro
- insalata riccia

Tartellette al formaggio

Difficoltà: facile - Preparazione: 10 minuti - Cottura: 10 minuti

8 tartellette
75 g di groviera
75 g di parmigiano
1 uovo
noce moscata
latte
sale

Con una forchetta sbattete l'uovo in una terrina; amalgamate il groviera e il parmigiano già grattugiati; aggiungete qualche cucchiaiata di latte, un pizzico di sale e uno di noce moscata.

Distribuite il composto nelle tartellette e mettetele in forno caldo (150 °C) per una decina di minuti. Queste tartellette potranno essere servite sia tiepide sia fredde.

Tartellette con insalata

Difficoltà: facile - Preparazione: 10 minuti

8 tartellette
100 g di radicchio trevigiano
100 g di lattuga
germogli di soia
olio extravergine d'oliva
sale
pepe

Pulite e lavate il radicchio trevigiano e sminuzzatelo grossolanamente in un'insalatiera.

Aggiungete la lattuga e due o tre manciate di germogli di soia; condite con sale, pepe e poco olio.

Distribuite l'insalata nelle tartellette soltanto al momento di servire.

Tartellette agli asparagi

Difficoltà: facile - Preparazione: 15 minuti - Cottura: 10 minuti

Lessate le punte di asparagi in poca acqua salata; in un tegamino strapazzate le uova con una noce di burro e insaporitele con un pizzico di sale e uno di pepe.

Distribuite le uova strapazzate e le punte di asparagi nelle tartellette. Potete servire queste tartellette tiepide o fredde.

- 8 tartellette
- 200 g di punte di asparagi
- 2 uova
- burro
- sale
- pepe

Tartellette esotiche

Difficoltà: facile - Preparazione: 15 minuti

Tagliate a fette un cetriolo; mettete nel bicchiere del frullatore il secondo cetriolo tagliato a tocchetti, lo yogurt, le foglie di menta, ben lavate e asciugate, l'aglio pulito; frullate il tutto per pochi minuti così da ottenere una salsa omogenea.

Distribuite sulle tartellette la salsa e guarnite con le rondelle di cetrioli. Aggiungete un pizzico di sale se desiderate ottenere tartellette con un sapore più deciso.

- 8 tartellette
- 125 g di yogurt
- 2 cetrioli
- alcune foglie di menta
- 1 spicchio d'aglio
- sale (facoltativo)

Tartine arlecchino

Difficoltà: facile - Preparazione: 20 minuti

- 8 fette di pancarré
- 2 pomodori non troppo maturi
- 2 cipollotti
- 1 mozzarella di bufala
- 6 olive verdi
- 1 cucchiaino d'origano
- un ciuffetto di prezzemolo
- olio extravergine d'oliva
- burro
- sale
- pepe

Lavate i pomodori, divideteli a metà, togliete i semi, salateli e capovolgeteli, lasciando che perdano un po' dell'acqua di vegetazione.

Tagliate a fettine la mozzarella, a rondelle i cipollotti e le olive, a dadini i pomodori e raccogliete tutto in un recipiente.

Unite il prezzemolo tritato molto finemente, salate, pepate e ammorbidite con un po' d'olio versato a filo; mescolate in modo da amalgamare bene tutti gli ingredienti.

Tostate le fette di pancarré tagliate a dischetti, imburratele e sopra distribuitevi il composto tritato e la fettina di mozzarella. Cospargete le tartine con un po' d'origano.

La mozzarella di bufala è un alimento privo di conservanti, composto solo da prodotti naturali (latte, sale, caglio), perciò per conservarla al meglio è opportuno tenerla in un luogo fresco immersa nel suo liquido, fino al momento di consumarla. Se si desidera cucinarla, è necessario toglierla dal suo liquido e tenerla per alcune ore nel frigo, in modo che possa separarsi dall'acqua in eccesso.

Tartine bicolori

Difficoltà: facile - Preparazione: 10 minuti

8 fette di pancarré
40 g di caviale
4 fettine di salmone affumicato
8 cipolline sottaceto
burro

Togliete la crosta alle fette di pancarré e tostatele leggermente da entrambe le parti, quindi spalmatele con un velo di burro ammorbidito.

Tagliate le fettine di salmone a metà così da ottenere dei triangoli; appoggiateli sopra le fette di pane in modo da coprirne una metà; coprite l'altra metà con il caviale; sulla linea di separazione tra salmone e caviale disponete le cipolline sottaceto tagliate a metà.

Tartine al dragoncello

Difficoltà: facile - Preparazione: 10 minuti + 2 ore

1 forma di pane a cassetta
200 g di foglie di dragoncello
50 g di ricotta
50 g di burro

Scottate in acqua bollente le foglie di dragoncello, ben pulite e lavate; scolatele, asciugatele e pestatele in un mortaio; aggiungete il burro ammorbidito e a pezzetti, mescolando con cura. Unite la ricotta e amalgamatela al composto; passatelo quindi al setaccio e mettetelo in frigorifero per un paio d'ore.

Tagliate il pane a cassetta a fette dello spessore di 1 cm circa e spalmate la superficie con questa crema.

Potete eliminate la ricotta e raddoppiare la dose di burro se volete ottenere una crema che si conservi più a lungo in frigorifero; oppure raddoppiare la dose di ricotta ed eliminare il burro se invece preferite una crema meno calorica.

Tartine al caprino

Difficoltà: media - Preparazione: 30 minuti

- 1 forma di pane a cassetta
- 5 caprini
- 100 g di maionese
- 1 carota
- 1 cetriolo
- 1 cucchiaio di capperi
- 2 cucchiai d'olio d'oliva
- sale
- pepe

Mettete i caprini in una terrina, insaporite con sale e pepe, unite l'olio e lavorateli fino a ottenere una crema.

Sbucciate il cetriolo e tagliatene metà a fettine sottili e metà a bastoncini sottili; raschiate, lavate la carota e grattugiatela.

Lavate bene i capperi e sminuzzatene grossolanamente la metà; uniteli alla carota grattugiata e al cetriolo a bastoncini e amalgamate il tutto con un paio di cucchiai di maionese.

Con un coltello togliete la crosta al pane a cassetta e tagliatelo a fette dello spessore di 1,5 cm circa; spalmate ogni fetta con uno strato di maionese e sopra mettete un cucchiaio di crema di caprino; appoggiate un cucchiaio di verdure, sovrapponete una fettina di cetriolo e un cappero.

Potrete sostituire la maionese con yogurt denso e cremoso e una parte del caprino con ricotta freschissima.

Tartine estive

Difficoltà: facile - Preparazione: 20 minuti

3 fette di pane al latte per tramezzini
1 zucchina piccola
50 g di pecorino
1 cetriolo piccolo
qualche foglia di lattuga
2-3 ravanelli
2 cucchiai di maionese
2 cucchiai di yogurt greco

Pulite e lavate la zucchina, sbucciate il cetriolo e affettate entrambi a rondelle sottili.

Spalmate un lato di una fetta di pane con lo yogurt, sopra distribuitevi il pecorino tagliato a pezzettini e le rondelle di zucchina.

Adagiatevi sopra la lattuga e i ravanelli tagliati a fettine sottili.

Prendete un'altra fetta di pane, appoggiatela rovesciata sopra i ravanelli. Spalmate ancora della maionese, disponetevi sopra delle fettine di cetriolo e di ravanelli.

Spalmate un lato dell'ultima fetta di pane con la maionese rimasta e sovrapponetela alla farcitura, quindi servite.

Tartine al caviale

Difficoltà: facile - Preparazione: 15 minuti - Cottura: 10 minuti

2 o 3 piccole forme di pane a cassetta di forme diverse
80 g di caviale
2 uova
erba cipollina
burro freschissimo

Fate rassodare le uova in acqua bollente per una decina di minuti circa; lasciatele raffreddare e sgusciatele; separate i tuorli dagli albumi e tritate entrambi molto finemente.

Tagliate il pane a cassetta a fette di forme diverse, fatele tostare e spalmatele con poco burro.

Farcite una parte delle tartine con metà del caviale, il tuorlo tritato e metà erba cipollina opportunamente sminuzzata e l'altra parte con l'altra metà del caviale, l'albume tritato e l'erba cipollina rimasta.

Se volete, potrete sostituire il caviale con un quantitativo più abbondante di uova di lompo rosse e nere, eliminando nel contempo le uova di gallina.

Se non avete a disposizione del pane a cassetta di forme diverse (a cuore, tondo, a stella...) utilizzate pane a cassetta quadrato tagliato a fette, dividendo queste ultime in piccoli triangoli o a strisce; potete anche usare fette sottili di pane toscano o siciliano, ricordandovi di tagliare la crosta soltanto dopo averlo già diviso in fette.

Tartine formaggio e brandy

Difficoltà: facile - Preparazione: 15 minuti

8 fette di pancarré
100 g di gorgonzola
1 cucchiaio di brandy
pepe di Caienna

Mettete ad abbrustolire le fette di pancarré. Nel frattempo preparate la salsa di formaggio: mescolate in una ciotola il gorgonzola (dopo aver cercato di ammorbidirlo e far sparire i grumi) e il cucchiaio di brandy, fino a ottenere un composto denso ma cremoso e omogeneo.

Togliete il pane dal tostapane o dal forno quando è ben caldo, abbrustolito ma non troppo.

Quindi spalmatevi abbondantemente il composto e spolverate di pepe. Queste tartine devono essere servite ben calde.

Il pepe di Caienna viene normalmente essiccato e macinato e utilizzato soprattutto per la preparazione di cibi piccanti. È ricco di vitamina A e contiene, inoltre, le vitamine B_6, E e C, la riboflavina, il potassio e il manganese.

Tartine con noci e gorgonzola

Difficoltà: facile - Preparazione: 15 minuti

8 fette di pancarré
100 g di gorgonzola
8 gherigli di noce
50 g di mascarpone

Tagliate a pezzi il gorgonzola e mettetelo in una terrina; lavoratelo a lungo con un cucchiaio di legno e incorporate a poco a poco il mascarpone così da ottenere una crema densa e omogenea.

Tagliate la crosta alle fette di pancarré; spalmatele con il composto; tagliatele a metà con un coltello e guarnitele con i gherigli di noce divisi in due parti.

Aumentate la dose di mascarpone se il gorgonzola che avete a disposizione è molto piccante; se preferite, potrete sostituire le noci con mandorle pelate, ma non tostate.

La regola vuole che maggiori sono le dimensioni della noce più saporito sarà il gheriglio in essa contenuto. Al momento dell'acquisto, le noci con il guscio devono presentarsi pesanti e intatte, senza incrinature né tracce di muffa, con odore gradevole e guscio dal colore uniforme. Poiché sono ricche d'olio, la loro conservazione richiede che vengano protette da luce, umidità e calore eccessivo.

Tartine stracchino e noci

Difficoltà: facile - Preparazione: 15 minuti

In una terrina lavorate lo stracchino fino a renderlo cremoso; aggiungete il burro ammorbidito e la panna fino a ottenere un composto omogeneo piuttosto fluido; sminuzzate una parte dei gherigli di noce e aggiungeteli al composto.

Tagliate il pane a cassetta a fette dello spessore di 1 cm circa; spalmatele con il composto e completate ogni fetta guarnendo con mezzo gheriglio di noce.

- 1 forma di pane a cassetta
- 150 g di stracchino
- 100 g di gherigli di noce
- 50 g di burro
- 1 cucchiaio di panna fresca

Tartine nordiche

Difficoltà: facile - Preparazione: 15 minuti

Con un coltello affilato togliete la crosta al pane; spalmate le fette con il burro salato. Tagliate a rondelle dello spessore di pochi millimetri un cetriolo fresco; spezzettate il filetto d'aringa. Appoggiate sul burro le rondelle di cetriolo e distribuite l'aringa.

Potete sostituire il cetriolo con delle fettine di rapanello e l'aringa affumicata con una salsa di salmone.

- 4 fette di pane di segale
- 1 cetriolo
- 30 g di burro salato
- 1 filetto di aringa affumicato

Tartine prosciutto e ricotta

Difficoltà: facile - Preparazione: 20 minuti

8 fette di pancarré
8 fettine di prosciutto crudo
80 g di ricotta
2 pomodori maturi
melone giallo
olive nere snocciolate
alcune foglie di menta

Preparate una crema lavorando a lungo con un cucchiaio di legno la ricotta mescolata con le foglie di menta lavate, asciugate e sminuzzate grossolanamente.

Togliete la crosta alle fette di pancarré e sagomatele a disco; spalmate ogni disco con la ricotta alla menta.

Tagliate 8 bastoncini di melone dolce, avvolgeteli nelle fette di prosciutto e adagiate su ogni fetta di pane l'involtino così ottenuto.

Completate ciascuna tartina decorando con fettine di pomodoro maturo, con le olive snocciolate e tagliate a metà e con fogliolíne di menta fresca.

Tartine ai semi di papavero

Difficoltà: facile - Preparazione: 10 minuti

Togliete la crosta al pane e tagliatelo a fette dello spessore di 1 cm circa; coprite ogni fetta con uno strato di brie e di semi di papavero. Tagliate ciascuna fetta in 4 triangoli prima di servire.

Il risultato sarà ottimo anche utilizzando della crescenza fresca al posto del brie.

- 1 forma di pane a cassetta
- 100 g di brie
- 50 g di semi di papavero

Tartine al tonno

Difficoltà: facile - Preparazione: 20 minuti

Sgocciolate il tonno sottolio; sminuzzatelo grossolanamente e mettetelo nel bicchiere del frullatore; grattugiate il parmigiano e versatelo sopra il tonno; aggiungete i caprini, metà delle olive, snocciolate e sminuzzate, il mascarpone, il succo di limone, un pizzico di sale e uno di pepe. Frullate per alcuni minuti così da ottenere una crema omogenea.

Con un coltello eliminate la crosta del pane e tagliatelo a fette dello spessore di 1,5 cm circa. Spalmatevi il composto e decorate mettendo al centro le restanti olive tagliate a metà.

- 1 forma di pane a cassetta rotondo
- 100 g di tonno sottolio
- 3 caprini
- 100 g di olive verdi snocciolate
- 30 g di parmigiano
- 50 g di mascarpone
- succo di 1/2 limone
- sale
- pepe

Tartine di crema di zucca

Difficoltà: media - Preparazione: 30 minuti - Cottura: 20 minuti

8 fette di pancarré
200 g di polpa di zucca
1 avocado
50 g di parmigiano grattugiato
1 uovo
1/2 dl di panna
2 dl di vino bianco
rosmarino
1 spicchio d'aglio
1 cucchiaio di semi di papavero
noce moscata
2 cucchiai d'olio extravergine d'oliva
sale

Tagliate la polpa di zucca a pezzettini e fatela rosolare con l'aglio schiacciato e un rametto di rosmarino in un po' d'olio. Lasciate insaporire a fiamma viva mescolando continuamente.

Bagnate con il vino e fate cuocere per circa 20 minuti a fuoco basso e a recipiente coperto. A cottura ultimata passate la zucca al mixer, ottenendo una purea.

Versatela in una terrina e incorporatevi il parmigiano, il tuorlo, insaporite con noce moscata e aggiustate di sale. A parte, montate la panna e incorporatela delicatamente alla purea di zucca.

Versate il composto in un sac à poche con beccuccio stellato e distribuite la crema sulle tartine ricavate dalle fette del pancarré tagliate, con l'apposito stampino, in formine rotonde.

Distribuite infine su ciascuna tartina un po' di semi di papavero e ornate con un mini ventaglietto di fettine di avocado.

Tartine ai gamberetti

Difficoltà: facile - Preparazione: 15 minuti

8 fette di pancarré
80 g di gamberetti sgusciati
10 filetti di acciughe
60 g di burro

Fate ammorbidire il burro a temperatura ambiente. Tagliate il pancarré, privato della crosta, nelle forme che preferite, aiutandovi magari con degli stampini, o utilizzando un coltello seghettato.

Frullate le acciughe e unitevi il burro. Spalmate le tartine col composto, mettete sopra i gamberetti e servite.

Tartine vegetariane

Difficoltà: facile - Preparazione: 20 minuti

1 forma di pane a cassetta
200 g di caprino
1 carota
1 cetriolo
capperi
1 limone
olio extravergine d'oliva
sale
pepe

Pulite e lavate la carota e il cetriolo; grattugiate la prima e tagliate a rondelle il secondo; mettete la carota in una scodella e lasciatela macerare in un po' d'olio e succo di limone. In una terrina lavorate il formaggio con una manciata di capperi sminuzzati e un cucchiaio d'olio, sale e pepe.

Tagliate il limone a rondelle; tagliate il pane a cassetta, possibilmente rotondo, così da ottenere delle tartine dello spessore di circa 1 cm.

Spalmatele con la crema di formaggio; distribuite su metà tartine le fettine di cetriolo e sulle rimanenti quelle di limone; guarnite le tartine con un po' di carote grattugiate e un cappero.

Se invece seguite un'alimentazione di tipo vegano potete sostituire il caprino con degli spinaci lessati ben strizzati, una purea di sedano rapa oppure punte di asparagi sminuzzati.

Tartine mignon

Difficoltà: facile - Preparazione: 20 minuti

1 forma di pane a cassetta quadrato
100 g di mandorle
100 g di burro
un ciuffo di prezzemolo

Con un coltello togliete la crosta al pane a cassetta; tagliatelo a fette dello spessore di 1/2 cm circa. Lavate e sminuzzate il prezzemolo; tostate nel forno le mandorle e riducetele in granella.

In una terrina lavorate a lungo il burro in modo che si trasformi in una morbida crema; amalgamate a una parte del composto le mandorle tritate e alla rimanente il prezzemolo.

Spalmate metà delle fette con uno strato sottile di burro alle mandorle e l'altra metà con burro al prezzemolo.

Sovrapponete le fette a due a due lasciando alternativamente in vista i due diversi composti; tagliate le tartine a doppio strato in quadrati con il lato di circa 2 cm.

Tartine integrali al tonno

Difficoltà: facile - Preparazione: 10 minuti

1 forma di pane a cassetta integrale
120 g di tonno sottolio
100 g di maionese
5 g di pasta di acciughe
1 limone
capperi sottosale

Frullate la maionese, il tonno sbriciolato, la pasta di acciughe, quattro o cinque capperi ben lavati e asciugati e il succo di mezzo limone fino a ottenere un composto denso e omogeneo.

Con un coltello togliete la crosta al pane e tagliatelo a fette dello spessore di 1 cm circa.

Spalmate sulle tartine così ottenute uno strato sottile di salsa al tonno; guarnite con mezza fettina di limone e con qualche cappero.

Tartine di Cremona

Difficoltà: facile - Preparazione: 10 minuti

8 fette di pancarré
200 g di mostarda di Cremona
150 g di stracchino

Tostate leggermente in forno le fette di pane; tagliate a fettine sottili lo stracchino e spalmatelo sulle fette di pane.

Tagliate a listarelle la mostarda (rigorosamente di Cremona) e distribuitela sopra allo stracchino.

Tartine rosate

Difficoltà: facile - Preparazione: 10 minuti

Con un coppapasta rotondo (si tratta di uno quegli stampini senza fondo, di forma varia, che si usano per tagliare e dare forma a pasta o altro) ricavate dal pancarré delle fettine rotonde.

Su una metà delle fettine distribuite la barbabietola tagliata a fettine, il gorgonzola anch'esso tagliato a fettine, il mascarpone e concludete con una generosa macinata di pepe.

4 fette di pancarré ai 5 cereali
30 g di gorgonzola piccante
1 cucchiaio di mascarpone
1/2 barbabietola rossa lessata
pepe

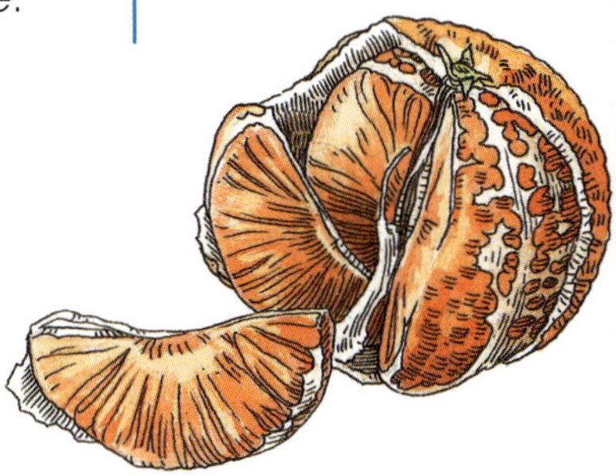

Tartine solari

Difficoltà: facile - Preparazione: 10 minuti

Togliete la crosta al pane e tagliatelo a fette dello spessore di 1/2 cm circa. Sbucciate le arance ed eliminate la pellicina bianca; tagliatele a rondelle sottilissime; dividetene alcune a metà e quelle di dimensioni maggiori, in quarti.

Adagiate sopra le tartine le fettine d'arancia; spolverizzatele con poco origano e completate appoggiando sopra ogni tartina un'oliva nera opportunamente snocciolata.

1 forma di pane a cassetta rotondo
2 arance
olive nere
un pizzico d'origano

Tartine al pesce persico

Difficoltà: media - Preparazione: 20 minuti - Cottura: 20 minuti

6 fette di pancarré
180 g di filetti di pesce persico
200 g di fave sgusciate
1 porro
farina
olio extravergine d'oliva
burro
erba cipollina
peperoncino rosso
sale
pepe

Lessate le fave in acqua salata, togliete la buccia e tritatele.

Tritate anche il porro e rosolatelo in un po' d'olio; poi unite le fave e aggiustate di sale e pepe. Continuate la cottura fino a quando il composto non si sarà ristretto.

Dividete a metà per la lunghezza i filetti di pesce, passateli nella farina, insaporiteli con sale e pepe, poi fateli rosolare nel burro.

Ritagliate dalle fette di pane dei dischetti, tostateli in una padella unta d'olio e asciugateli su carta assorbente.

Su ognuno sistemate uno strato di composto di fave e un pezzetto di pesce.

Quindi condite il tutto con una salsina ottenuta sciogliendo del burro aromatizzato con un po' di erba cipollina e il peperoncino tritati finemente.

Tartine all'avocado

Difficoltà: facile - Preparazione: 15 minuti

1 forma di pane a cassetta triangolare
1 avocado maturo
70 g di gorgonzola
2 limoni
alcune foglie di menta
1 spicchio d'aglio
1/2 cucchiaino di salsa Worcester
sale
pepe

Spremete un limone e mettete il succo nel bicchiere del frullatore. Dividete l'avocado a metà, togliete il nocciolo; sbucciatelo e mettetelo a pezzetti nel frullatore, insieme con il gorgonzola a fettine, le foglie di menta fresca, già lavate e asciugate, la salsa Worcester, l'aglio, il sale e il pepe. Frullate fino ad ottenere una crema omogenea.

Con un coltello togliete la crosta al pane e tagliatelo a fette dello spessore di 1 cm circa; tagliate a fettine sottilissime anche il limone. Spalmate ogni fetta di pane con la salsa e decorate con le fettine di limone.

Tartine al burro rosa

Difficoltà: facile - Preparazione: 10 minuti

8 fette di pancarré
burro
salsa ketchup
tabasco
salsa Worcester
sale

Lasciate ammorbidire il burro e mescolatelo con alcuni cucchiai di salsa ketchup, una spruzzata di tabasco, alcune gocce di salsa Worcester e un pizzico di sale.

Tagliate le fette di pancarré a quadratini e spalmatevi sopra la crema.

Tartine al pesce affumicato

Difficoltà: facile - Preparazione: 15 minuti

Spalmate le fette di pane con un velo di burro, poi tagliate ciascuna fetta in due triangoli.

Distribuite su due triangoli le foglie di radicchio rosso, le fette di pesce spada affumicato e i cetriolini tagliati a rondelle sottili.

Aggiungete qualche cucchiaino di salsa di rafano e ricomponete i tramezzini.

- 2 fette di pane al latte per tramezzini
- qualche foglia di radicchio rosso
- 2 cetriolini sottaceto
- 4 fette di pesce spada affumicato
- burro
- salsa di rafano

Tartine all'aragosta

Difficoltà: facile - Preparazione: 10 minuti - Cottura: 5 minuti

Lessate in acqua salata i gamberetti, quindi sgusciateli e tritateli.

Amalgamate i gamberetti tritati con il burro ammorbidito e spalmate il composto sulle fette di pane divise in 2 rettangoli.

Disponete su ciascuna tartina una fogliolina di lattuga e un pezzetto di polpa di aragosta. Servite subito.

- 4 fette di pancarré
- 100 g di gamberetti
- 80 g di polpa di aragosta lessa
- 4 foglie di insalata lattuga
- burro
- sale

Sfoglie, pizzette e vol-au-vent

Come resistere all'aspetto invitante di una sfogliatina, al profumo accattivante di una pizzetta o ancora all'aroma di un raffinato vol-au-vent? Le ricette proposte in queste pagine riusciranno a soddisfare ogni palato, presentando stuzzichini di ogni genere da servire come antipasto, per accompagnare un aperitivo o come piatto goloso per una festa di bambini.

Sfoglie al gorgonzola

Difficoltà: facile - Preparazione: 15 minuti - Cottura: 20 minuti

350 g di pasta sfoglia
250 g di gorgonzola
1 tuorlo
20 g di burro

Stendete la pasta e ricavatene otto rettangoli. Spalmate il gorgonzola su metà dei rettangoli di pasta ottenuti, poi ricopriteli con i rettangoli di pasta rimasti. Saldate i bordi inumidendoli con un po' d'acqua, affinché il gorgonzola non fuoriesca durante la cottura.

Spennellate le sfoglie con il tuorlo sbattuto e disponetele su una placca imburrata. Mettete in forno già caldo a 190 °C e cuocete per 20 minuti. Servite le sfoglie ben calde.

Triangolini gustosi al formaggio

Difficoltà: media - Preparazione: 20 minuti - Cottura: 20 minuti

1 confezione di pasta fillo
300 g di ricotta
300 g di feta
4 uova
125 g di burro fuso
pepe bianco

Spennellate un foglio di pasta fillo con un po' di burro fuso e appoggiateci sopra un secondo foglio. Tagliate la pasta in quattro rettangoli.

Con le uova e i formaggi preparate un composto e versatene un cucchiaio raso in ogni pezzetto di pasta, poi ripiegate l'angolo superiore sinistro lungo il rettangolo di pasta per formare un triangolo; fate lo stesso con l'angolo superiore destro. Piegate la pasta quante più volte possibile e ripetete l'operazione per gli altri triangolini.

Cospargete di burro fuso la parte superiore dei triangoli e sistemateli in una teglia imburrata. Metteteli in forno e fateli cuocere per 20 minuti. Serviteli caldi.

Mezzelune morbide al tonno

Difficoltà: facile - Preparazione: 20 minuti - Cottura: 30 minuti

250 g di pasta sfoglia
60 g di tonno in scatola
30 g di formaggio tenero
1 cipollina
una manciata di semi di sesamo
1 uovo
pepe

Ritagliate dalla sfoglia, stesa sottile, 20 tondi di 4 cm di diametro. Amalgamate con cura, meglio con un mixer, il tonno sgocciolato, il formaggio e la cipollina tritata fine. Pepate quanto basta.

Mettete un cucchiaino di composto al centro di ogni tondo di sfoglia, spennellate i bordi con l'uovo sbattuto e richiudete formando dei piccoli fagottini a mezza luna. Premete bene i bordi e spennellate la superficie con l'uovo. Distribuite sopra i semi di sesamo.

Mettete nel forno caldo su una teglia antiaderente e fate andare per 20-30 minuti. Servite le mezzelune calde.

Sfogliatine di pollo e mandorle

Difficoltà: media - Preparazione: 30 minuti - Cottura: 40 minuti

1 confezione di pasta fillo
500 g di pollo
2 pomodorini
1 cucchiaio di paprica
1 cucchiaino di semi di cumino
cannella in polvere
55 g di uvetta tritata
60 g di mandorle tritate
1 cipolla
un ciuffo di prezzemolo
4 cucchiai di vino bianco
1 cucchiaio d'olio extravergine d'oliva
50 g di burro
sale

Fate dorare le mandorle in una padella con poco olio, poi scolatele e mettetele su della carta assorbente. Fate quindi dorare la cipolla, salatela e insaporite con paprica, cumino e un pizzico di cannella.

Dopo qualche minuto aggiungete il pollo tagliato a pezzettini e fatelo dorare bene da tutte le parti. Unite i pomodori, l'uvetta (fatta rinvenire in acqua e tritata), il prezzemolo, le mandorle e il vino, coprite e lasciate andare a fuoco lento. Dopo 15 minuti scoperchiate e fate cuocere fino a far rapprendere il sugo.

Preparate 14 fogli di pasta fillo e tagliate ognuno in 3 strisce di circa 15 cm di lunghezza; irrorate di burro due strisce di pasta alla volta e piegatele in due nel senso della lunghezza.

Mettete un cucchiaio del composto precedentemente preparato sulle strisce di pasta, ripiegate l'angolo superiore sinistro lungo la striscia e poi l'angolo inferiore destro sull'altro lato; ripetete l'operazione e fatelo per tutti i rettangoli.

Spennellateli di burro, disponeteli in una teglia e infornateli a 180 °C per 20 minuti.

Sfoglie con cipolle al pesto e pinoli

Difficoltà: facile - Preparazione: 20 minuti - Cottura: 25 minuti

375 g di pasta sfoglia
200 g di cipolle rosse
farina
1 peperoncino rosso
2 cucchiai di pesto pronto
1 cucchiaio di pinoli
1 cucchiaio d'olio extravergine d'oliva
sale
pepe

Riscaldate il forno a 220 °C. Tagliate nella pasta sfoglia 4 dischi del diametro di circa 12 cm e metteteli in 4 stampini; delineate un bordo rialzato (in modo che possa contenere un ripieno) di circa 1 cm. Mettete questi dischi su una teglia già infarinata.

In una padella capiente fate rosolare le cipolle in olio caldo per 10 minuti.

Aggiungete il peperoncino, salate e pepate e fate cuocere ancora un paio di minuti.

Spennellate il fondo dei dischi con il pesto pronto; guarniteli con le cipolle rosolate e i pinoli distribuiti sopra.

Fate cuocere per circa 10 minuti. Potete servite le sfoglie su un vassoietto calde oppure tiepide.

Sfogliatine al salmone

Difficoltà: media - Preparazione: 30 minuti - Cottura: 1 ora

250 g di pasta sfoglia
100 g di riso
250 g di salmone fresco
4 uova
30 g di cipolla
3 dl di brodo
70 g di burro
1 foglia piccola di alloro
farina
sale
pepe in grani

Tritate la cipolla e fatela appassire in una pirofila in 20 g di burro. Portate a bollore il brodo. Versate nel soffritto il riso, lasciatelo tostare quindi bagnatelo con il brodo, insaporite con l'alloro e fate riprendere l'ebollizione. Coprite il recipiente con un foglio d'alluminio e passate in forno a 180 °C per circa 15 minuti.

Togliete la pirofila dal forno e mettete il riso in un piatto largo, aggiungete 20 g di burro e lasciatelo raffreddare. Rassodate 3 uova e sgusciatele.

Stendete su un piano infarinato la pasta sfoglia, ricavatene 20 quadrati, 10 più grandi e 10 più piccoli. Eliminate dal salmone la pelle e le eventuali lische, lavatelo e tagliatelo a dadini.

Dividete le uova a metà. Con il quarto uovo pennellate la superficie dei quadrati di sfoglia più piccoli e distribuite su ciascuno un po' di riso lasciando un bordo; disponete le uova, cospargete con il salmone, salate e pepate.

Coprite ogni quadrato con l'altro più grande e sigillatelo a quello sottostante, praticando sulla superficie un'apertura. Pennellate d'uovo, appoggiate le sfogliatine su una placca imburrata e passatele in forno a 180 °C per 35 minuti.

Sfogliatine di prugne e pancetta

Difficoltà: media - Preparazione: 20 minuti - Cottura: 10 minuti

400 g di pasta sfoglia
12 prugne snocciolate
12 fette di pancetta affumicata
2 uova

Tagliate 12 rettangoli di pasta sfoglia di circa 8x4 cm. Tagliate dei rettangoli più piccoli nelle fette di pancetta affumicata.

Avvolgete ogni prugna in un rettangolo di pancetta affumicata e quindi in un rettangolo di pasta sfoglia. Unite bene i bordi di pasta sfoglia premendo con le dita in modo da ottenere dei cilindri.

Spennellate con i tuorli i cilindri di pasta sfoglia e infornate a 200 °C per circa 8 minuti. Servite le sfogliatine ben calde.

Girelle al pomodoro

Difficoltà: difficile - Preparazione: 30 minuti + 40 minuti - Cottura: 50 minuti

500 g di pasta per la pizza
4 pomodori
1 carota piccola
1 spicchio di cipolla
1/2 costa di sedano
olio extravergine d'oliva
basilico

Tritate le verdure e fatele appassire con un filo d'olio e qualche cucchiaio d'acqua. Quando sono morbide, unite i pomodori privati dei semi e tagliati a pezzi. Salate e cuocete per una mezz'ora.

Alla fine passate il tutto al mixer ottenendo una salsa densa. Insaporite con basilico tritato e unite la pasta di acciughe. Mescolate bene per amalgamare il tutto.

Stendete la pasta in un rettangolo. Spennellate con un cucchiaino d'olio e distribuite la salsa di pomodoro. Spolverate con origano e arrotolate la pasta.

Tagliate il rotolo a dischetti spessi circa 3 cm e appoggiateli su una placca ben distanziati fra loro. Lasciate lievitare per circa 40 minuti e cuocete a 180 °C una ventina di minuti.

origano
1 cucchiaio di pasta di acciughe
sale

Triangolini alla feta e gamberetti

Difficoltà: facile - Preparazione: 20 minuti - Cottura: 20 minuti

Sciogliete il burro e spennellate una sfoglia; tagliatela in quadrati. Tagliate i cipollotti e sbriciolate la feta. Sminuzzate bene i gamberetti puliti. Amalgamate questi ingredienti insieme all'uovo sbattuto.

Mentre il forno si riscalda (200 °C), riempite ogni quadrato di pasta con il composto, richiudete a triangolo e spennellate con il burro entrambi i lati. Spolverate con parmigiano e prezzemolo.

Proseguite così con le altre sfoglie. Infornate su una teglia imburrata o coperta con carta da forno per 15-20 minuti. Servite gli stuzzichini caldi.

300 g di pasta sfoglia
60 g di gamberetti sgusciati
125 g di feta
60 g di burro
250 g di parmigiano grattugiato
4 cipollotti
20 g di prezzemolo tritato
1 uovo
pepe

Mezzelune alla polpa di salmone

Difficoltà: media - Preparazione: 20 minuti - Cottura: 20 minuti

250 g di pasta sfoglia
250 g di salmone fresco
16 olive verdi
2 cucchiaini di maggiorana
1 cipolla
olio extravergine d'oliva
sale
pepe

Versate in un recipiente il salmone spezzettato, la cipolla tritata, la maggiorana e amalgamate il tutto.

In un tegame riscaldate l'olio, versatevi la polpa di salmone e rosolate il tutto mescolando continuamente.

Tagliate le olive a fettine e unitele al resto, aggiustate di sale e di pepe. Fate andare per altri 5 minuti e spegnete.

Stendete la pasta sfoglia e ricavatene 16 dischi. Con un cucchiaio ponete un po' di ripieno al centro del disco ritagliato. Bagnate i bordi e chiudete a mezzaluna i 16 dischi.

Ponete le mezzelune su una placca coperta da carta da forno. Infornate a 220 °C per 15-20 minuti. Servite sia calde sia fredde.

Per essere sicuri di scegliere del salmone fresco è necessario fare attenzione ad alcune caratteristiche al momento dell'acquisto: se intero, deve avere l'occhio convesso, la carne soda e dal colore brillante; se a tranci, il colore deve essere uniforme e la carne ben attaccata alla lisca.

Calzoncini estivi

Difficoltà: media - Preparazione: 20 minuti - Cottura: 35 minuti

500 g di pasta per la pizza
100 g di provolone dolce
2 zucchine
2 peperoni
1 cipolla
alcune foglie di menta
olio extravergine d'oliva
sale
pepe

Pulite, lavate e tagliate a fettine sottili le zucchine, i peperoni e la cipolla; fate saltare in padella le verdure per un quarto d'ora circa; insaporite con alcune foglioline di menta fresca, un pizzico di sale e uno di pepe.

Tagliate a tocchetti oppure grattugiate il provolone; stendete la pasta per la pizza in dieci dischetti e appoggiateli sopra una teglia unta d'olio.

Farcite metà superficie di ogni dischetto con la ratatouille di zucchine, peperoni e cipolla, e con un cucchiaino di provolone; chiudete i dischi di pasta a metà così da ottenere dei calzoni di medie dimensioni.

Mettete in forno caldo (200 °C) per circa 20 minuti, fino a quando la superficie del calzone non risulti dorata e croccante. Questi calzoni possono essere gustati caldi, ma anche freddi.

Volendo, potete sostituire le zucchine con melanzane o con altra verdura di stagione, e la menta con altra erba aromatica a piacere.

Pizzette Napoli

Difficoltà: media - Preparazione: 20 minuti - Cottura: 10 minuti

250 g di pasta sfoglia
3 dl di passata di pomodoro
100 g di mozzarella
1 cucchiaio di capperi sottosale
1/2 vasetto di filetti di acciughe sottolio
alcune foglie di basilico
olio extravergine d'oliva
origano
sale

Stendete la sfoglia su un piano da lavoro e con degli stampini rotondi ricavatevi 20-25 pizzette. Schiacciatele al centro con le dita e bucherellatele con una forchetta.

Versate la passata di pomodoro in una ciotolina, salatela e conditela con l'olio extravergine d'oliva.

Distribuitela sulle pizzette e decorate con qualche cappero oppure con un filetto d'acciuga. Spolverizzate con un pizzico d'origano e infornate a 200 °C per 8 minuti.

Togliete le pizzette dal forno, distribuitevi la mozzarella tagliata a dadini e cuocete per altri 2 minuti. Decorate con una fogliolina di basilico.

La pizza napoletana come la conosciamo fu ideata e preparata attorno al 1730 nella variante marinara e nel primo decennio del XIX secolo nella variante margherita (prese però questo nome solo alla fine dell'Ottocento, in occasione di una visita della regina d'Italia Margherita di Savoia).

Pane fritto acciughe e mozzarella

Difficoltà: facile - Preparazione: 20 minuti - Cottura: 10 minuti

200 g di pasta per pane casereccio
3 acciughe
150 g di mozzarella di bufala
olio extravergine d'oliva
olio per friggere
sale
pepe bianco

Tagliate la mozzarella a bastoncini e le acciughe a filetti, mescolate e condite con olio, pepe bianco e, se necessario, un pizzico di sale.

Stendete la pasta di pane con il matterello a uno spessore di 2 mm e ritagliatene dei dischi con un tagliapasta; bucherellateli con una forchetta e friggeteli in olio caldo.

Fateli scolare su una carta assorbente e, mentre sono ancora caldi, cospargeteli con l'insalata di mozzarella e acciughe.

Calzoncini autunnali

Difficoltà: facile - Preparazione: 15 minuti - Cottura: 30 minuti

500 g di pasta per la pizza
500 g di funghi (meglio se porcini freschi)
un ciuffo di prezzemolo

Pulite e affettate finemente i funghi, possibilmente porcini freschi, e fateli saltare in padella con poco burro, un pizzico di sale e uno di pepe.

Stendete la pasta per la pizza in una quindicina di dischetti sottili; appoggiateli sopra una teglia unta d'olio e farcite metà di ogni dischetto con un cucchiaio di funghi e un pizzico di prezzemolo, pulito e sminuzzato grossolanamente.

Chiudete ogni dischetto piegandolo su se stesso e premendo bene i bordi; mettete in forno caldo (200 °C) per circa 15 minuti, fino a quando la pasta non diventa ben croccante e dorata.

Servite questi calzoncini caldi o tiepidi, accompagnandoli con un'insalata di funghi freschi.

burro
olio extravergine d'oliva
sale
pepe

Sfogliatine alle alici

Difficoltà: media - Preparazione: 20 minuti + 1 ora - Cottura: 15 minuti

Stendete la sfoglia a circa 1,5 mm di spessore formando un rettangolo di 40x12 cm circa. Spennellate con l'uovo sbattuto e disponete poi, su metà rettangolo, due file di alici.

Ripiegate la pasta e spennellate ancora con l'uovo. Mettete in frigorifero per un'ora. Trascorso questo tempo, ripassate con l'uovo sbattuto restante e tagliate la sfoglia in 20 piccoli rettangoli di circa 6x2 cm.

Disponete le sfogliatine su una placca da forno imburrata e cuocete a 200 °C per 15 minuti.

150 g di pasta sfoglia
10 filetti di alici sottolio
1 uovo

Pizzette di sfoglia

Difficoltà: facile - Preparazione: 20 minuti - Cottura: 10 minuti

250 g di pasta sfoglia
2,5 dl di passata di pomodoro
100 g di mozzarella
alcune foglie di basilico
10-12 olive miste snocciolate
origano
olio extravergine d'oliva
sale

Stendete la sfoglia e con degli stampini rotondi ricavate 20-25 pizzette. Schiacciatele al centro con le dita, in modo che tengano bene la farcitura.

Bucherellatele con una forchetta (così che non si gonfino) e quindi distribuitevi la passata di pomodoro, salata e condita con un po' d'olio.

Mettete sopra ciascuna le olive tritate e un pizzico di origano. Cuocetele in forno già caldo a 200 °C per 8 minuti.

Toglietele dal forno, distribuitevi la mozzarella tagliata a dadini e cuocete per altri 2 minuti. Decorate le pizzette con le foglie di basilico.

Se volete preparare la conserva di pomodoro per tutto l'anno, al momento dell'acquisto scegliete pomodori non ammaccati, ma sodi, rossi e maturi. Il periodo migliore per acquistarli è luglio-agosto. Potete scegliere pomodori a grappolo e tondi oppure i San Marzano.

Vol-au-vent ai gamberetti

Difficoltà: facile - Preparazione: 20 minuti - Cottura: 15 minuti

12 vol-au-vent
300 g di gamberetti sgusciati
30 g di pasta di gamberi
30 g di farina
30 g di burro
1 uovo
100 g di panna fresca
1 cucchiaio di brodo
2 dl di vino bianco
sale
pepe

Lessate i gamberetti in poca acqua bollente salata. Mettete il burro in un pentolino sul fuoco; non appena comincia a fondersi, unitevi la farina e, sempre mescolando, lasciate cuocere per 2 minuti. Allungate con il brodo caldo e mescolate ancora per 5 minuti.

Sbattete l'uovo in una ciotola con la panna, quindi integratevi il vino. Mescolate bene e aggiungete al composto di burro e farina.

Spolverizzate con il sale e il pepe e unitevi la pasta di gamberi. Lavorate il tutto con una frusta finché non otterrete una crema spumosa.

Aggiungete infine i gamberetti lessati, mescolate bene e farcite i vol-au-vent, precedentemente riscaldati in forno.

I gamberetti generalmente vengono utilizzati in cucina interi, dopo averli sciacquati sotto acqua corrente e fatti scolare con cura. Per tartine e stuzzichini è più facile che venga richiesto di sgusciarli o da crudi o dopo averli scottati per pochi minuti in acqua bollente salata e aromatizzata con qualche grano di pepe, limone e alloro.

Vol-au-vent al tonno

Difficoltà: media - Preparazione: 20 minuti - Cottura: 20 minuti

8 vol-au-vent
170 g di tonno sottolio
100 g di gamberetti sgusciati
5 dl di brodo
30 g di burro
30 g di farina
2 uova
8 olive farcite
1/2 limone
sale
pepe

In una casseruola unite il burro fuso alla farina e stemperate bene con un cucchiaio di legno.

Poi diluite con 3 dl di brodo caldo e, continuando a mescolare, fate cuocere la salsa per circa 10 minuti, insaporendola con sale e pepe.

Scaldate dell'altro brodo e cuocetevi i gamberetti per 4-5 minuti. Quindi scolateli e teneteli da parte. Levate la salsa dal fuoco, aromatizzatela con il succo di limone e fatela intiepidire.

Nel frattempo sgocciolate il tonno e spezzettatelo; tagliate in 2 o 3 parti i gamberetti. Mescolate i due ingredienti con la salsa. Riempite i vol-au-vent e metteteli per 5-6 minuti nel forno caldo a 200 °C.

Sgusciate le uova che avrete fatto rassodare e raffreddare, e ricavate da queste 8 rondelle.

Posatele le rondelle sopra i vol-au-vent tiepidi e adagiatevi un'oliva farcita, infilzata prima su uno stecchino con cui trapasserete la rondella, infilandolo nel ripieno in modo che l'oliva stia in piedi. Servite subito.

Vol-au-vent alle vongole piccanti

Difficoltà: facile - Preparazione: 30 minuti - Cottura: 30 minuti

8 vol-au-vent
1,2 kg di vongole
1 spicchio d'aglio
1/2 peperoncino rosso
1 cucchiaio di prezzemolo tritato
una spruzzata di vino bianco secco
1 cucchiaio di pangrattato
olio extravergine d'oliva
sale

Lavate con cura le vongole, quindi fatele schiudere su fiamma vivace dopo averle poste in un tegame insieme con un po' d'olio e il vino bianco. Coprite e fate scaldare, avendo cura di scuotere di tanto in tanto il tegame per i manici in modo che il calore si distribuisca uniformemente.

Quando tutte le valve si saranno aperte spegnete e sgusciate i molluschi eliminando quelli rimasti chiusi e tenendone da parte alcuni interi tra i più belli per guarnire i vol-au-vent.

Filtrate il liquido rimasto sul fondo della padella e tenetelo da parte.

Tritate un terzo delle vongole e fatele soffriggere nell'olio fatto prima scaldare con l'aglio (eliminatelo non appena prende colore), il pangrattato e il peperoncino sminuzzato. Unite dopo qualche minuto anche il resto dei molluschi, il loro liquido di cottura, sale e il prezzemolo tritato, lasciando al fuoco ancora per qualche minuto.

Distribuite le vongole nei vol-au-vent e guarniteli con quelle intere che avevate messo da parte; passateli poi per 5 minuti in forno caldo (200 °C).

Vol-au-vent alla vodka

Difficoltà: facile - Preparazione: 15 minuti - Cottura: 5 minuti

12 vol-au-vent
50 g di uova di lompo
1 vasetto di maionese
1 cucchiaino di senape dolce
qualche goccia di ketchup
1 cucchiaino di vodka
2 dl di panna fresca
un rametto di aneto

In una ciotola lavorate con una piccola frusta la maionese, la senape e il ketchup. Unitevi la vodka e la panna montata a neve ferma. Mescolate bene tutti gli ingredienti, quindi lasciate riposare la salsa in frigorifero.

Scaldate i vol-au-vent nel forno già caldo per qualche minuto; sfornate e farcite con la crema alla vodka.

Decorate ciascun vol-au-vent con le uova di lompo e un ciuffetto di aneto, disponete su un vassoio e servite subito.

Vol-au-vent ai piselli

Difficoltà: facile - Preparazione: 15 minuti - Cottura: 20 minuti

8 vol-au-vent
150 g di piselli
100 g di pancetta dolce
2-3 foglie di salvia
olio extravergine d'oliva
sale
pepe

Lessate i piselli in acqua salata. Tritate grossolanamente la pancetta e fatela rosolare con un po' d'olio; aggiungete quindi la salvia fresca e i piselli lessati. Lasciate insaporire su fiamma moderata per una decina di minuti dopo aver condito con un pizzico di sale e pepe.

Distribuite il composto nei vol-au-vent e metteteli nel forno caldo per pochi minuti.

Vol-au-vent alle carote

Difficoltà: media - Preparazione: 15 minuti - Cottura: 20 minuti

8 vol-au-vent
100 g di emmental
200 g di carote
1 uovo
1 dl di panna fresca
un ciuffetto di prezzemolo
8 foglie di basilico
burro
sale
pepe

Pulite le carote e cuocetele al vapore lasciandole piuttosto al dente. Fatele intiepidire, tagliatele a rondelle (lasciate da parte 12 rondelle che ritaglierete, dando loro la forma di una stella) e fatele saltare in padella con una noce di burro. Aggiustate di sale e di pepe.

Tagliate a dadini l'emmental e versateli in un recipiente, dove avrete sbattuto in precedenza l'uovo con la panna. Mescolate bene e regolate di sale e pepe.

Versate nei vol-au-vent il composto di formaggio e le carote, quindi infornateli a 180 °C per 10 minuti.

Togliete dal forno e servite i vol-au-vent guarniti ciascuno con una stella di carota e una foglia di basilico.

Finger food

Piccole golosità che (con poco lavoro e poca spesa) trasformano in un piacevole momento anche il più semplice degli aperitivi. Nelle ricette delle prossime pagine potrete scegliere gli stuzzichini che più si addicono alle vostre esigenze: qualche polpettina per guarnire e rendere sfizioso un classico antipasto all'italiana; un poker goloso da accompagnare alla birra per una serata passata con gli amici davanti alla televisione; un'idea per una merenda originale dei vostri ragazzi...

Dadi di caciocavallo all'ananas

Difficoltà: facile - Preparazione: 35 minuti + 15 minuti - Cottura: 15 minuti

250 g di caciocavallo
2 fette di ananas
1 uovo
1 porro
1 cucchiaio di grappa
1 cucchiaio di maizena
olio extravergine d'oliva
sale
pepe

Per la salsa:
4 cucchiai di brodo vegetale
1 cucchiaio di cognac
1 cucchiaio di aceto bianco
1 cucchiaio di maizena
1 cucchiaio di zucchero

Tagliate il caciocavallo a cubetti e mettetelo a marinare per un quarto d'ora in un composto a base di grappa, maizena, uovo, sale e pepe.

Tagliate a striscioline il porro e riducete a cubetti le fette di ananas. Preparate quindi la salsa mescolando tra loro gli ingredienti.

Fate poi scaldare dell'olio nel wok e saltatevi il caciocavallo per un paio di minuti, mescolando con una paletta di legno o con gli appositi bastoncini; poi lasciatelo scolare su della carta assorbente da cucina o sull'apposita griglia.

Nel frattempo fate saltare nello stesso wok l'ananas e il porro, mescolandoli continuamente. Aggiungete quindi la salsa e lasciatela addensare per un minuto circa.

Unite infine il caciocavallo, mescolate per un minuto e servite ben caldo.

Bocconcini saporiti di coniglio

Difficoltà: media - Preparazione: 20 minuti - Cottura: 1 ora e 10 minuti

Preparate un trito di sedano, carota, cipolla e aglio. Sistematelo in un tegame con dell'olio. Unite la pancetta spezzettata e rosolate. Aggiungete i bocconcini di coniglio. Fateli rosolare a fiamma alta. Unite le foglie di salvia. Bagnate con il vino. Aggiustate di sale e di pepe.

Fate ridurre, continuando a cuocere a fiamma bassa per circa un'ora e versando del brodo caldo ogni volta che occorre.

Togliete dalla casseruola i bocconcini. Passate la salsa al mixer, fino a ottenere una crema. Sistematela nel tegame, versandoci di nuovo i bocconcini di coniglio.

Cuocete per altri 10 minuti circa, unendo le olive prive del nocciolo, con un goccio di brodo e le patate lesse tagliate a dadini.

- 500 g di polpa di coniglio disossata a pezzetti
- 80 g di pancetta dolce
- 200 g di olive nere
- 2 cipolle
- 2 carote
- 2 gambi di sedano
- 2 spicchi d'aglio
- 6 foglie di salvia
- 2 dl di vino bianco
- brodo di carne
- olio extravergine d'oliva
- 2 patate lesse
- sale
- pepe

Polpettine gustose di tonno

Difficoltà: media - Preparazione: 40 minuti + 2 ore - Cottura: 10 minuti

500 g di tonno
150 g di prosciutto crudo
1 vasetto di peperoni sottolio
2 uova
mollica di pane
latte
farina
prezzemolo
2 spicchi d'aglio
olive snocciolate
olio per friggere
sale

Pulite il tonno, tagliatelo a pezzettini e conditelo con sale, aglio e prezzemolo tritati. Lasciatelo marinare per un'ora o due. Intanto mettete ad ammorbidire nel latte la mollica di pane.

Tagliate a pezzettini i peperoni, il prosciutto, un uovo fatto rassodare e le olive e aggiungeteli al tonno. Unite anche l'uovo sbattuto e la mollica di pane.

Lavorate l'impasto a mano in modo da amalgamare bene tutti gli ingredienti. Formate delle polpettine e infarinatele.

Friggetele in olio bollente. Potete servire queste polpettine accompagnate da una maionese.

Se volete preparare i peperoni sottolio, puliteli, privandoli anche dei filamenti bianchi interni e dei semi, tagliateli a falde e tuffateli man mano in acqua acidulata con il succo di limone. Portate a bollore 1 dl d'aceto con uguale quantità d'acqua e un pugno di sale e scottatevi i peperoni per 3 minuti. Scolateli e lasciateli raffreddare su un piano inclinato, quindi distribuiteli nei vasi allineandoli in verticale. Ricoprite la verdura con olio d'oliva, chiudete e sterilizzate per 30 minuti.

Crocchette di piselli

Difficoltà: media - Preparazione: 30 minuti - Cottura: 20 minuti

250 g di piselli
300 g di robiola
200 g di pangrattato
4 uova
4 cucchiai di parmigiano grattugiato
farina
olio per friggere
sale
pepe

Lessate i piselli. Passateli quindi al mixer. Aggiungete alla crema ottenuta la robiola. Incorporate al composto metà pangrattato. Unite anche il parmigiano e 3 tuorli d'uovo. Amalgamate bene il tutto. Aggiustate di sale e di pepe.

Ricavate dall'impasto delle crocchette. Passatele prima nella farina, poi nell'uovo sbattuto e quindi nel restante pangrattato.

Friggetele in abbondante olio. Infine sgocciolate su carta da cucina, disponendole, quando saranno asciutte, in un vassoio.

Bocconcini a sorpresa

Difficoltà: media - Preparazione: 40 minuti + 1 ora

20 acini d'uva bianca
150 g di caprino
70 g di nocciole sgusciate
5 foglie di menta
5 foglie di basilico
un rametto di timo

Lavate gli acini d'uva e asciugateli. In un recipiente lavorate il caprino con un pizzico di sale e una macinata di pepe bianco.

Tritate le nocciole, ottenendo una granella non troppo fine; preparate poi un trito con il basilico, la menta e il timo.

Aiutandovi con una spatolina o con un coltello dalla punta arrotondata, ricoprite ciascun acino con un po' di caprino, quindi infilzatelo con uno stuzzicadenti.

Fate rotolare metà dei bocconcini nel trito di erbette e l'altra metà nella granella di nocciola.

Disponeteli poi su un vassoio e lasciateli riposare almeno un'ora in frigorifero prima di servirli.

sale
pepe bianco in grani

Bocconcini fritti di patate

Difficoltà: media - Preparazione: 20 minuti - Cottura: 20 minuti

Lessate, sbucciate e schiacciate le patate. Sbattete l'uovo, unitevi le patate, il burro, 100 g di farina e un pizzico di sale.

Impastate amalgamando bene gli ingredienti; formate delle piccole palline di 2,5 cm di diametro, infarinatele e friggetele in olio molto caldo.

Quando saranno dorate su tutti i lati, toglietele dal fuoco e lasciatele asciugare su della carta da cucina. Ponetele su un vassoio e decoratele con uno sbuffo di maionese e un cappero.

800 g di patate
40 g di burro
1 uovo
150 g di farina
maionese
capperi
olio per friggere
sale

Bocconcini prosciutto e olive

Difficoltà: facile - Preparazione: 30 minuti - Cottura: 10 minuti

100 g di prosciutto crudo
80 g di olive verdi farcite
350 g di besciamella
3 uova
3 cucchiai di farina
3 cucchiai di pangrattato
olio per friggere
sale
pepe in grani

Fate un trito di prosciutto e olive, aggiungetelo alla besciamella e mescolate bene il tutto incorporando anche un tuorlo d'uovo; lasciate riposare in frigo.

Sbattete 2 uova aggiungendo un pizzico di sale e una abbondante macinata di pepe.

Con il composto di prosciutto, olive, besciamella e uovo formate delle palline, che passerete prima nella farina, quindi nell'uovo sbattuto e infine nel pangrattato.

Friggete poi le crocchette ottenute in abbondante olio molto caldo. Asciugatele bene con carta assorbente e servite subito.

Palline di riso

Difficoltà: media - Preparazione: 20 minuti - Cottura: 30 minuti

- 130 g di riso
- 3 uova
- 60 g di parmigiano grattugiato
- 350 g di latte
- pangrattato
- farina
- scorza di 1/2 limone
- olio per friggere
- sale

Versate il latte in una casseruola, aggiungete un pizzico di sale e portate a bollore. Unitevi il riso e lasciate cuocere a fuoco medio finché il liquido non si sarà assorbito. Aggiungetevi la scorza del limone grattugiata, togliete dal fuoco e incorporatevi il parmigiano.

Lasciate raffreddare, quindi amalgamatevi prima i 2 tuorli quindi i 2 albumi montati a neve. Ricavate dal composto delle palline e passatele prima nella farina, poi nel terzo uovo sbattuto, quindi nel pangrattato. Friggete le palline in abbondante olio molto caldo e servite.

Spiedini delicati

Difficoltà: facile - Preparazione: 20 minuti

- 1 melone
- 1 cetriolo fresco
- un ciuffetto di menta
- maionese o senape dolce

Aprite il melone, ripulitelo dei semi e con l'apposito strumento, ricavate delle palline di polpa. Lavate il cetriolo e tagliatelo a rondelle dello spessore di 1 cm.

Preparate 10 spiedini, alternando una pallina di melone, una rondella di cetriolo e una foglia di menta. Servite con maionese o senape a parte.

Polpettine di granchio

Difficoltà: facile - Preparazione: 35 minuti + 30 minuti - Cottura: 10 minuti

500 g di polpa di granchio
1 cucchiaio di mostarda
gocce di tabasco
2 tuorli
25 g di pangrattato
2 cucchiai di farina
30 g di burro
olio per friggere
250 g di salsa tartara (o salsa piccante)
sale

Mescolate in una terrina la polpa di granchio, il burro, la mostarda, il tabasco, i tuorli e il pangrattato. Salate, coprite con pellicola trasparente e lasciate riposare in frigo fino a quando il composto non sarà indurito.

Formate delle polpettine grandi quanto una noce e riponetele in frigo per mezz'ora.

Fate scaldare in una padella capiente abbondante olio; passate le polpette nella farina e fatele rosolare fino a farle dorare da tutte le parti. Poi scolatele e fatele asciugare nella carta da cucina.

Servite le polpettine su un piatto da portata accompagnate, volendo, dalla salsa tartara (o da una salsa piccante).

Il tabasco è una salsa a base di peperoncino rosso, spezie miste macinate, un pizzico di sale, uno di zucchero e aceto. Viene impiegata per completare salse e cocktail oltre che per dare un tocco piccante a verdure cotte, crostacei, frutti di mare e carni bianche.

Palline ai tre formaggi

Difficoltà: facile - Preparazione: 15 minuti + 10 minuti

200 g di ricotta
50 g di gorgonzola
30 g di parmigiano grattugiato
8 foglie di insalata belga
1 cucchiaino di confettura di mirtilli rossi
mostarda di Cremona
1 cucchiaino di miele
qualche chicco di melagrana
sale
pepe

Lavorate insieme la ricotta, il gorgonzola e il parmigiano con un pizzico di sale e pepe, così da ottenere una crema omogenea.

Aiutandovi con un cucchiaino, realizzate delle palline di formaggio, disponetele su un vassoio e mettetele a riposare in frigorifero per circa 10 minuti.

Mettete 2 foglie di insalata belga per piattino e ponete su ciascuna foglia una pallina. Con la pressione del dito, fate una piccola cavità su ogni pallina e farcitela con miele, mostarda di Cremona a pezzetti, confettura e chicchi di melagrana.

Olive fritte

Difficoltà: facile - Preparazione: 10 minuti - Cottura: 10 minuti

1 vasetto di olive ripiene di peperoncino
1 uovo
una manciata di pangrattato
olio per friggere

Scolate bene le olive e asciugatele. Sbattete l'uovo in una ciotola e immergetevi le olive.

Versate il pangrattato su un foglio di carta da forno e passateci le olive premendole perché il pangrattato aderisca bene.

Mettete a scaldare l'olio in una padella e, appena avrà raggiunto la giusta temperatura, friggete le olive poche per volta, quindi mettetele su carta da cucina per assorbire l'olio in eccesso. Servitele ben calde.

Toast di sogliola al sesamo

Difficoltà: facile - Preparazione: 15 minuti - Cottura: 5 minuti

Tostate anzitutto le fette di pancarré sino a renderle dorate, poi tagliate ogni fetta in 4 parti.

Sbattete le uova con una forchetta. Passate i filetti di sogliola nel mixer fino a ottenere una crema, conditela con sale, pepe e un cucchiaio d'uovo sbattuto.

Mescolate il pangrattato e i semi di sesamo in una grossa ciotola. Spalmate uno strato piuttosto spesso di pasta di sogliola su ogni toast, immergetelo rapidamente nell'uovo sbattuto e avvolgetelo nel composto di pangrattato e semi di sesamo.

Friggete i toast nel wok per un paio di minuti in olio bollente.

150 g di filetti di sogliola già puliti
4 fette di pancarré
100 g di pangrattato
50 g di semi di sesamo
2 uova
olio per friggere
sale
pepe

Fagottini verdi e rosa

Difficoltà: media - Preparazione: 35 minuti - Cottura: 10 minuti

- 16 code di gambero sgusciate
- 8 foglie di verza
- 2 scalogni
- 150 g di burro
- 40 g di uova di lompo o caviale
- 1 cucchiaio di panna fresca
- una spruzzata di vino bianco secco
- sale
- pepe

Cospargete le code di gamberi con un misto di sale e pepe appena macinato e poi fatele insaporire in una padella con una noce di burro per non più di un paio di minuti.

Scottate le foglie di verza in acqua bollente salata e poi stendetele ad asciugare ben aperte su un canovaccio, eliminando le parti di costola più dure.

Nel mezzo di ogni foglia mettete 2 code di gamberi e poi ripiegate le foglie a fagottino legandole con del filo da cucina.

Disponete i fagottini in una pirofila imburrata e, dopo aver posto su ognuno un fiocchetto di burro, passate in forno ben caldo per 5 minuti.

In una padella fate rosolare con un po' di burro e un pizzico di sale gli scalogni tritati e, dopo qualche istante, unite il vino; fate ridurre a fiamma vivace e poi spegnete. Aggiungete la panna e, sempre mescolando con cura, il burro rimasto a pezzettini.

Disponete i fagottini su un vassoio da portata e irrorateli con la salsa, distribuendo poi un po' di uova di lompo (o caviale se preferite) su ciascuno.

Fagottini raffinati di faraona

Difficoltà: difficile - Preparazione: 30 minuti - Cottura: 30 minuti

8 cosce di faraona
500 g di radicchio rosso
120 g di ricotta
80 g di groviera
2 spicchi d'aglio
burro
2 dl di vino bianco
rosmarino
salvia
insalatina mista
olio extravergine d'oliva
sale
pepe

Disossate le cosce di faraona incidendole a fondo. Poi appiattitele utilizzando il batticarne.

Pulite il radicchio. Tagliatelo a striscioline. Soffriggete l'aglio con dell'olio. Versatevi il radicchio. Aggiustate di sale e di pepe. Coprite e cuocete a fiamma bassa per 10 minuti.

Fate restringere il fondo di cottura. Eliminate l'aglio. Trasferite il radicchio in una ciotola. Fatelo raffreddare e iniziate a lavorarlo con la ricotta e il groviera sminuzzato.

Distribuite il composto nelle cosce di faraona e sigillate bene i fagottini con del filo di refe.

Adagiate i fagottini in una teglia con del burro e con salvia e rosmarino. Rosolateli a fiamma alta. Irrorateli con il vino bianco. Rigirateli in modo da cuocere bene entrambe le parti. Riducete la fiamma.

Coprite e cuocete per 20 minuti, aggiungendo, se necessaria, dell'acqua. Infine sistemate i fagottini in un piatto da portata, su un letto di insalatina mista, irrorandoli con la salsa di cottura.

Bignè con cuore di formaggio

Difficoltà: facile - Preparazione: 15 minuti - Cottura: 5 minuti

12 bignè pronti
100 g di mascarpone
100 g di gorgonzola dolce
5-6 gherigli di noce
1 cucchiaio di confettura di lamponi
pepe

Lavorate il mascarpone insieme al gorgonzola, fino a ottenere una crema omogenea e soffice. Unitevi le noci tritate e insaporite con il pepe.

Private della calotta i bignè e farciteli con la crema di formaggio. Quindi ricomponeteli e sistemateli su una teglia da forno.

Scaldateli per 5 minuti a 200 °C e serviteli tiepidi guarniti all'ultimo sulla superficie con un ricamo di confettura di lamponi (che avrete diluito su fiamma bassa con un cucchiaio d'acqua) eseguito con un sac à poche dal beccuccio piccolo.

Per preparare la confettura, pulite e schiacciate i lamponi, poi fateli macerare in una terrina con lo zucchero per qualche ora, aggiungendo anche il succo di limone. Trasferiteli in una casseruola di acciaio inossidabile e metteteli sul fuoco. Appena avranno raggiunto il primo bollore, abbassate la fiamma e proseguite la cottura. Poi invasateli a caldo, capovolgete immediatamente i vasi su un piano di legno e lasciateli raffreddare prima di rimuoverli e riporli per la conservazione.

Polpettine di riso e carciofi

Difficoltà: media - Preparazione: 20 minuti - Cottura: 30 minuti

200 g di riso
4 carciofi
1/2 cipolla
un mazzetto di prezzemolo
pangrattato
2 dl di vino bianco secco
30 g di parmigiano grattugiato
olio extravergine d'oliva
sale
pepe

Lessate il riso in acqua salata, poi scolatelo e mettetelo in una terrina. Mentre il riso cuoce mondate i carciofi privandoli dei gambi, delle punte, delle foglie esterne più dure e della barba interna; poi affettateli sottilmente.

Pulite, tritate la cipolla e rosolatela nel wok con dell'olio; non appena sarà appassita unite i carciofi e bagnate con il vino.

A fine cottura amalgamate alla verdura il parmigiano grattugiato e il prezzemolo tritato, aggiustate di sale e pepe, e amalgamate il tutto al riso.

Non appena il composto si sarà raffreddato formate con questo delle piccole polpette che passerete nel pangrattato e farete dorare, sempre nel wok, con un po' d'olio. Potete servirle calde o fredde.

Polpettine pomodoro e paprica

Difficoltà: facile - Preparazione: 15 minuti - Cottura: 15 minuti

Tritate la cipolla e la salsiccia. Mescolate la cipolla, la salsiccia, le uova e la paprica con la carne, salando appena.

Tuffate i pomodori nell'acqua bollente per qualche secondo, toglieteli, spellateli e togliete i semi e il picciolo; tagliate la polpa a cubetti.

Con la carne formate 24 palline della grandezza di una noce. Scaldate l'olio in una padella e friggete le polpettine a fuoco vivace per pochi minuti. Poi toglietele dall'olio e mettetele da parte.

Versate il brandy nella padella con l'olio, unite i pomodori e insaporite con un pizzico di sale e di zucchero. Fate cuocere a fuoco lento per pochi minuti; poi setacciate la salsa e frullatela.

Servite le polpette in un vassoietto o in piccole ciotole cospargendole con abbondante salsa e guarnite con timo e prezzemolo.

350 g di carne tritata di manzo
100 g di salsiccia
600 g di pomodori
1 dl di brandy
2 uova
1 cipolla
1 cucchiaino di paprica dolce
1 cucchiaio di paprica rosa piccante
timo e prezzemolo freschi
zucchero
olio extravergine d'oliva
olio per friggere
sale

Capriccio di uova farcite

Difficoltà: facile - Preparazione: 30 minuti + 1 ora - Cottura: 10 minuti

12 uova sode
20 olive nere snocciolate
1 cucchiaino di maggiorana tritata
un ciuffetto di menta
un ciuffetto di basilico
un ciuffetto di prezzemolo
2 cucchiai di maionese
100 g di champignon
1 cucchiaio di parmigiano grattugiato
olio extravergine d'oliva
foglie di lattuga
sale
pepe

Rassodate le uova, cuocendole per 10 minuti. Poi sgusciatele, tagliatele a metà per il lungo e prelevatene i tuorli. Suddivideteli in tre recipienti e sbriciolateli con una forchetta. Tritate finemente le olive, aggiungete la maggiorana, un cucchiaio d'olio e lasciate macerare per un'ora.

Nel frattempo rosolate i funghi affettati sottilmente in un cucchiaio d'olio, cuocete alcuni minuti, aggiungete il prezzemolo tritato, e alla fine il parmigiano. Lasciate raffreddare e unite ai tuorli di una ciotola, amalgamando bene. Aggiustate di sale e pepe.

Riempite con il composto un terzo degli albumi tenuti da parte. Versate l'impasto di olive nella seconda ciotola, amalgamate e riempite un altro terzo di albumi.

Infine mescolate menta e basilico tritati, aggiungete la maionese e unite alla terza ciotola di tuorli, mescolate bene, regolate di sale e riempite gli albumi rimasti.

Ponete su un vassoio un letto di foglie di lattuga e su questo disponeteci i tre tipi di uova farcite.

Stuzzichini di peperone alle noci

Difficoltà: media - Preparazione: 40 minuti - Cottura: 30 minuti

4 peperoni rossi e gialli
80 g di riso
1 pomodoro maturo e sodo
un pizzico di origano
un ciuffetto di basilico
1 cucchiaio di capperi
8 gherigli di noce
olio extravergine d'oliva
pangrattato
sale

Cuocete il riso in acqua salata e scolatelo al dente. Mettetelo in una terrina con 4 cucchiai d'olio e l'origano. Fate un trito con i capperi, il basilico e metà delle noci e aggiungetelo al riso.

Spellate il pomodoro, eliminate i semi e la parte acquosa, tritatelo a tocchetti piuttosto piccoli e aggiungete anche questo, aggiustando di sale se serve.

Passate i peperoni in forno finché la pelle non si sia gonfiata, quindi sbucciateli sotto l'acqua fredda, e tagliateli a falde. Su ogni falda mettete un cucchiaio di riso, richiudetela ad involtino e fermatela con uno stuzzicadenti.

Disponete gli involtini in una teglia oliata, conditeli con 3 cucchiai d'olio, una spolverata di pangrattato e le rimanenti noci tritate. Infornate a 180 °C per 15 minuti e servite.

Sformatini alle erbette

Difficoltà: media - Preparazione: 20 minuti + 1 ora - Cottura: 15 minuti

Preparate una crema di formaggio mescolando la ricotta, il mascarpone e il caprino; aggiungete sale e pepe e lavorate il composto fino a renderlo omogeneo.

Fate un trito di aneto e menta. Soffriggete in un tegame olio, aglio e un pizzico di sale, i peperoni e la zucchina tagliata a cubetti.

Mescolate a una parte del composto le verdure soffritte, a una seconda parte il trito di erbette e lasciatene una terza al naturale.

Versate le 3 creme ottenute in 4 stampini foderati di alluminio, mettendo prima il composto alle erbe, poi quello al naturale e infine quello con le verdure. Lasciate riposare per un'ora in frigorifero.

Capovolgete gli stampini sui piatti e prima di portare in tavola decorate gli sformatini con erbe fresche.

300 g di ricotta
50 g di mascarpone
1 caprino
3 mezzi peperoni (giallo, rosso, verde)
1 zucchina novella
un mazzetto di aneto
6 foglioline di menta
1 spicchio d'aglio
2 cucchiai d'olio extravergine d'oliva
sale
pepe

Sfiziosità dal mondo

Tante ricette sfiziose provenienti da ogni parte del mondo per rallegrare la tavola, movimentare un happy hour o stupire gli ospiti con sapori nuovi e originali. Potrete volare dalla Spagna all'India, dal Messico al Giappone, dalla Cina all'Egitto... e il successo sarà garantito!

Chorizo alle erbe

Difficoltà: facile - Preparazione: 10 minuti - Cottura: 10 minuti

700 g di chorizo da cuocere (o salsiccia piccante)
4 cucchiai di erbe miste tritate fresche (rosmarino, timo, finocchio, erba cipollina, maggiorana, origano)
2 spicchi d'aglio
olio extravergine d'oliva

Tagliate il chorizo in fette spesse circa 5 mm. Fate scaldare una padella abbastanza larga e mettetevi le fette di chorizo, senza aggiungere olio. Rigiratele spesso: diventeranno in 5 minuti croccanti e dorate da tutti e due i lati.

Con un mestolo forato togliete le fette di chorizo dalla padella e mettetele ad asciugare su carta assorbente.

A questo punto fate scaldare nella padella l'olio d'oliva a fuoco lento, poi mettetevi a scaldare di nuovo le fette, l'aglio schiacciato e le erbe. Mescolate un po' e dopo non molto servite.

Tortillas mais e fagioli

Difficoltà: facile - Preparazione: 15 minuti

4 tortillas di mais
100 g di fagioli cannellini lessati
200 g di mais bollito
2 pomodori maturi
peperoncino in polvere
olio extravergine d'oliva
sale

In una ciotola mescolate il mais, i fagioli cannellini e i pomodori sbucciati e tagliati a dadini. Salate, condite con un po' d'olio e aggiungete un pizzico di peperoncino.

Mettete al centro di ogni tortilla di mais due cucchiai di composto, arrotolatele, disponetele su un vassoio e servitele.

Melanzane all'orientale

Difficoltà: media - Preparazione: 30 minuti - Cottura: 30 minuti

1/2 kg di melanzane
100 g di tahin
1 cipolla media
2 spicchi d'aglio
scorza grattugiata di 1/2 limone
1 cucchiaio di semi di cumino
un mazzetto di prezzemolo
2 cucchiai di aceto di mele
2 cucchiai d'olio extravergine d'oliva
peperoncino in polvere
sale

Spuntate le melanzane, lavatele, asciugatele, tagliatele a metà nel senso della lunghezza e mettetele in forno insieme con la cipolla non sbucciata. Mantenete una temperatura intorno ai 200 °C e lasciatele appassire, così che la polpa si intenerisca adeguatamente.

Quando vi sembra che la cottura sia sufficiente, estraete le melanzane dal forno, sbucciatele e setacciatele, raccogliendo la purea in una scodella.

Incorporatevi il tahin, l'aceto, gli spicchi d'aglio sbucciati e tritati, sale e peperoncino a piacere, l'olio versato a filo e i semi di cumino. Mescolate con cura, in modo da ottenere una crema liscia.

Con la crema riempite quattro coppette, cospargetele con la scorza grattugiata del limone e prezzemolo tritato e servite.

Se preferite, trasferite la crema su un piatto da portata, spolverate la superficie con del prezzemolo tritato e servitela con dei crostini di pane leggermente tostati e caldi.

Manchego fritto con membrillo

Difficoltà: media - Preparazione: 30 minuti - Cottura: 5 minuti

400 g di formaggio manchego
120 g di membrillo (150 g di gelatina di mele cotogne, 2 cucchiai di vino bianco secco)
2 uova
150 g di pangrattato
olio per friggere
pepe

Tagliate il formaggio manchego a cubetti di circa 2 cm. Sbattete le uova in una scodella con del pepe. Mettete il pangrattato in un recipiente. Impanate i cubetti di formaggio passandoli prima nell'uovo e poi nel pangrattato.

Riscaldate molto olio in una padella a bordi alti e metteteci a dorare i cubetti di formaggio per 4-5 minuti. Tirateli su con una schiumarola e sistemateli in un vassoietto.

Tagliate a cubetti il membrillo (se non lo trovate mescolate 150 g di gelatina di mele cotogne con 2 cucchiai di vino bianco secco) e infilzate con uno stuzzicadenti un cubetto di formaggio e un pezzo di membrillo insieme.

Tra i più famosi della Spagna, il manchego è un formaggio grasso, prodotto solo con latte, crudo o pastorizzato, delle pecore di razza manchega. Ha una forma cilindrica con la crosta di colore giallastro e un sapore molto intenso, particolare e leggermente salato.

Nigiri-sushi

Difficoltà: media - Preparazione: 30 minuti + 2 ore - Cottura: 5 minuti

200 g di riso cotto e condito per sushi
180 g di filetti di tonno
180 g di filetti di seppia
3 cucchiai d'aceto
1 cucchiaino di sale
2 cucchiai di salsa di soia
1 cucchiaio di mirin
100 g di zenzero
un pezzetto di wasabi

Per guarnire:
carote e zucchine tagliate a rondelle

Pulite e tagliate i filetti di pesce a fettine sottili e riducetele a rettangolini.

In una casseruola mescolate tre tazze d'acqua tiepida con l'aceto, la salsa di soia, il mirin e fate bollire per pochi minuti. Lasciate raffreddare e versate sul riso mescolando delicatamente.

Versate il riso in un grande piatto da portata, stendetelo uniformemente e lasciatelo raffreddare. A questo punto disponete il pesce su un piatto e, con un coltello a lama piatta, spalmate uno strato sottile di wasabi su ogni fettina.

Quando il riso è abbastanza freddo lavoratelo con le mani umide e forgiate delle crocchette.

Infine distribuite le crocchette di riso sui pezzetti di pesce premendo delicatamente in modo che il riso aderisca bene. Condite ogni porzione con un pizzico di wasabi.

Lasciate riposare in frigorifero per almeno 2 ore prima di servire, condite con un po' di zenzero e guarnite a piacere con rondelle di carote o zucchine.

Vongole alla provenzale

Difficoltà: facile - Preparazione: 25 minuti + 1 ora - Cottura: 20 minuti

Lavate bene le vongole e lasciatele almeno un'ora nell'acqua per farle spurgare.

Fate rosolare in un tegame con dell'olio l'aglio e la cipolla finemente tritata; aggiungetevi il peperone tagliato a pezzi, il gambo di sedano tagliato a dadini e i pomodori in conserva. Mescolate bene.

Aggiungete le vongole, il vino, le erbe finemente tritate, il sale e il pepe. Coprite e lasciate cuocere fino a quando le conchiglie non si saranno aperte, mescolando di tanto in tanto.

Servite le vongole con le conchiglie ben calde, in un vassoietto fondo, accompagnandole con un contorno di insalata.

1 kg di vongole
1 peperone rosso
4 pomodori in conserva
1/2 gambo di sedano
1 cipolla
2 spicchi d'aglio
1,5 dl di vino bianco secco
1 cucchiaio di erbe (timo, rosmarino, maggiorana)
olio extravergine d'oliva
sale
pepe

Polpettine al wasabi

Difficoltà: facile - Preparazione: 15 minuti - Cottura: 20 minuti

600 g di gamberetti sgusciati
3 patate
1 porro
1 cucchiaino di wasabi
olio extravergine d'oliva
salsa di soia
sale

Lavate le patate, sbucciatele e lessatele. Passatele quindi, ancora tiepide, al passaverdure, riducendole in purè.

Nel composto ottenuto amalgamate i gamberetti spezzettati. Condite il tutto con un filo d'olio, il porro tagliato a julienne, un pizzico di wasabi e aggiustate di sale.

Dividete la preparazione in piccole porzioni e forgiate con le mani delle polpettine, adagiatele in un piatto e irroratele ben bene con la salsa di soia.

Falafel

Difficoltà: facile - Preparazione: 20 minuti + 25 ore - Cottura: 5 minuti

400 g di ceci
1 cipolla
2 spicchi d'aglio
un mazzetto di prezzemolo
1 cucchiaino di coriandolo
2 cucchiaini di cumino

Tenete immersi i ceci in acqua fredda per 24 ore. Poi scolateli, togliete le bucce e passateli nel frullatore assieme alla cipolla, l'aglio, il prezzemolo, il cumino, il coriandolo, un pizzico di pepe e del sale. Il composto deve risultare omogeneo. Lasciate riposare in frigorifero per un'ora.

Con l'impasto modellate delle palline e poi friggetele nell'olio caldo, girandole dolcemente, per circa 4-5 minuti. Asciugatele su carta assorbente e quindi disponetele su foglie d'insalata servendole con verdure, hummus e pane tostato.

I falafel possono essere serviti freddi o caldi. Se il composto risultasse troppo morbido, aggiungete un po' di farina.

olio per friggere
sale
pepe

Focacce indiane alle spezie

Difficoltà: facile - Preparazione: 30 minuti + 30 minuti - Cottura: 25 minuti

Macinate finemente i piselli sgusciati, il farro e il coriandolo. Tagliate a pezzetti sottili le cipolline e fatele rosolare nel burro caldo.

Aggiungete agli ingredienti appena macinati dell'acqua calda e le cipolline, condite con sale e curcuma e impastate bene. Coprite l'impasto e lasciatelo riposare mezz'ora.

Stendete la pasta e ricavatene 4 focacce rotonde; mettetele su una teglia imburrata e spennellate con acqua calda. Mettetele nel forno e lasciate cuocere per 20-25 minuti a 190 °C.

100 g di piselli gialli (non sgusciati)
150 g di farro
2-3 cucchiai di coriandolo
2 cipolline
1 cucchiaio di burro
1 punta di curcuma
sale

Uova spagnole alla diavola

Difficoltà: media - Preparazione: 30 minuti - Cottura: 10 minuti

- 8 uova grandi
- 2 pimientos del piquillo (o peperoni rossi, allungati e non piccanti) in scatola o in vasetto
- 8 olive verdi snocciolate
- paprica
- un ciuffo di erba cipollina
- 5 cucchiai di maionese
- 8 gocce di tabasco
- sale
- pepe di Caienna

Mettete le uova in un tegame, ricopritele di acqua fredda e portate a bollore; poi abbassate la fiamma e fate cuocere per 10 minuti. Scolatele, mettetele sotto acqua corrente fredda, incrinate i gusci e fatele raffreddare. Infine sgusciatele.

Tagliate le uova a metà per il lungo, quindi togliete delicatamente il tuorlo, che sminuzzerete e metterete in una terrina.

Mettete i pimientos ad asciugare su carta da cucina, tritateli finemente e tritate anche le olive (tenendone da parte alcune per guarnire). Se non trovate i pimientos arrostite 2 peperoni piccoli di forma allungata, togliete la buccia e procedete come con i pimientos.

Quindi aggiungeteli con le olive ai tuorli sminuzzati, mescolate bene e unite anche la maionese, il tabasco, un pizzico di pepe di Caienna e il sale.

Con un cucchiaio riempite gli albumi con il composto ottenuto. Disponete le uova su un piatto da portata, mettete su ciascun uovo un pezzo di pimiento e una rondella di oliva, spolverizzate con la paprica, guarnite con ciuffi di erba cipollina e servite.

Ful medames con uova

Difficoltà: facile - Preparazione: 20 minuti + 12 ore - Cottura: 7 ore

8 uova
pelle esterna di 10 cipolle di media grandezza
500 g di fave secche
4 spicchi d'aglio
burro
succo di 1 limone
cumino tritato
olio extravergine d'oliva
sale
pepe

Preparate le uova: lasciatele sobbollire per 6 ore in una pentola d'acqua insieme con la pelle esterna delle cipolle. Poi lasciatele raffreddare e sgusciatele.

Lavate le fave e lasciatele a bagno nell'acqua per 12 ore; quindi scolatele e versatele in una pentola di coccio, copritele con altra acqua, mettete sul fuoco, portate a ebollizione, moderate la fiamma, coprite con un coperchio e lasciate cuocere sino a quando i legumi risultino morbidi.

Se fosse necessario, aggiungete via via dell'acqua bollente, ma cercate di fare in modo che al termine della cottura le fave risultino pressoché asciutte.

A cottura ultimata, versate le fave in una zuppiera e cospargetele con gli spicchi d'aglio mondati e tritati.

Infine servitele accompagnandole con le uova sode e con delle ciotoline nelle quali disporrete dell'olio, del burro, del succo di limone, cumino tritato, sale e pepe, così che ogni commensale possa condire la pietanza a piacimento.

Il ful medames, piatto egiziano, può essere servito anche come primo piatto.

Sashimi di calamaro

Difficoltà: facile - Preparazione: 15 minuti

200 g di calamaro senza tentacoli
2 cucchiaini di polpa di umeboshi
2 cucchiai d'olio di semi di girasole
salsa di soia
1 cucchiaino di wasabi
2 foglie di basilico

Pulite il calamaro sciacquandolo bene in acqua corrente, eliminate la pelle, gli occhi, la bocca, estraete la conchiglia interna e le interiora.

Tagliatelo a strisce molto sottili e mescolatelo in una ciotola insieme alla polpa di umeboshi e all'olio di semi di girasole. Mescolate delicatamente cercando di amalgamare bene il composto.

Distribuite la preparazione in 4 ciotole, guarnendo ciascuna con delle foglie di basilico spezzettate.

Servite il sashimi accompagnando il piatto con della salsa di soia e con il piccantissimo wasabi.

Anche se considerate "prugne", le umeboshi sono frutti, coltivati da circa 1500 anni, simili alle nostre albicocche. Vengono tradizionalmente raccolti verdi e fatti stagionare sotto sale per oltre un anno. Le ume così maturate apportano un gusto acidulo-salato al riso bianco e in cottura caratterizzano di colore e sapore alcune salse.

Tacos con carne

Difficoltà: facile - Preparazione: 15 minuti - Cottura: 15 minuti

12 tortillas
450 g di manzo macinato
2 pomodori
alcune foglie di lattuga
200 g di caciotta
1 cipolla
1 spicchio d'aglio
peperoncino in polvere
salsa chili
olio extravergine d'oliva
sale

In una casseruola fate imbiondire la cipolla tritata e l'aglio in un po' d'olio. Aggiungetevi il manzo macinato e fatelo cuocere finché non diventa scuro. Togliete l'olio di cottura e condite con il sale e il peperoncino.

Tagliate i pomodori in due, privateli dei semi, strizzateli bene e spezzettateli. Distribuite su ciascuna tortilla la caciotta tagliata a dadini, alcuni pezzetti di pomodoro, la carne e una foglia di lattuga. Piegate le tortillas e conditele con salsa chili.

Pimientos fritti

Difficoltà: facile - Preparazione: 10 minuti - Cottura: 5 minuti

300 g di peperoncini verdi freschi piccanti
olio per friggere
sale grosso

Fate scaldare l'olio in una padella capiente. Nel frattempo lavate i peperoncini e asciugateli, poi metteteli nella padella per 20/40 secondi, rigirandoli per uniformare la doratura.

Toglieteli dalla padella utilizzando una schiumarola e metteteli ad asciugare su carta assorbente. Salate a piacere e servite ben caldo.

Peperoni piquillo ripieni

Difficoltà: media - Preparazione: 30 minuti - Cottura: 10 minuti

Riscaldate bene il forno. Nel frattempo lavate i peperoni, disponeteli su una teglia oliata e metteteli in forno per una decina di minuti. Appena si formano delle bolle tirateli fuori e metteteli in una busta di plastica, chiudetela e metteteli da parte.

Mettete i pomodori secchi in acqua tiepida per 10 minuti; tostate i pinoli in una padella senza olio; snocciolate le olive e tagliatele a cubetti.

Quindi sgocciolate i pomodori secchi e tagliateli a dadini. Lavorate il formaggio con il timo e l'olio e amalgamatevi i pomodori, i pinoli e le olive.

Scuotete un po' la busta dei peperoni in modo da facilitare la spellatura, toglieteli dalla busta e spellateli completamente, togliete il picciolo e privateli da sopra dei semi.

Inserite il composto di formaggio dentro ciascun peperone, disponete i peperoni in un piattino e accompagnate con pane fresco o focaccine.

- 8 peperoni piquillo freschi (o altri peperoni allungati rossi e non piccanti)
- 6 pomodori secchi
- 2 cucchiai di pinoli
- 6 olive verdi
- 300 g di formaggio fresco di capra
- 1/2 cucchiaino di timo secco
- 2 cucchiai d'olio extravergine d'oliva

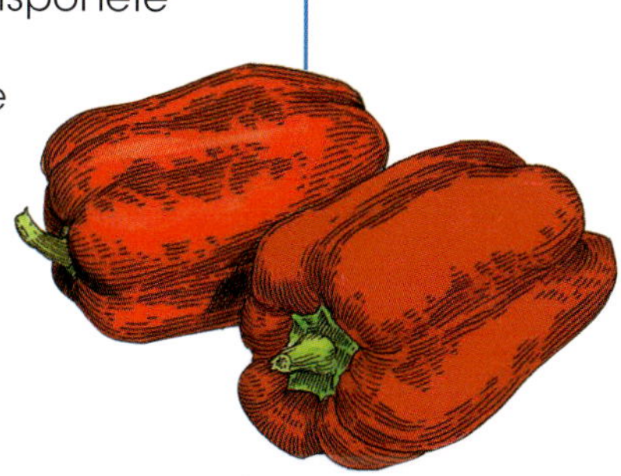

Mix di sushi

Difficoltà: media - Preparazione: 40 minuti

120 g di filetto di tonno
120 g di filetto di sgombro
120 g di filetto di salmone
120 g di filetto di spigola
40 g di wasabi (2 cucchiai rasi)
800 g di riso cotto e condito per sushi
100 g di zenzero (conservato in agrodolce e affettato)
salsa di soia

Per guarnire:
steli di erba cipollina
rondelle di carota

Servendovi di un coltello molto affilato, per prima cosa tagliate i filetti di pesce a fettine di 1/2 cm di spessore; riducete quindi queste ultime a rettangoli di 2,5x5 cm.

Con un coltello a lama piatta spalmate uno strato sottile di wasabi su ogni fettina di pesce.

Con le mani umide lavorate il riso per formare dei rotolini di 5x3 cm. Ponete ogni rotolino di riso sui filetti, dalla parte spalmata di wasabi.

Premete il riso in modo che aderisca bene al pesce. Ripetete fino a esaurimento degli ingredienti. Fate sgocciolare lo zenzero.

In ogni piatto distribuite una decina di sushi e un po' di zenzero. Mettete in tavola anche una ciotola di salsa di soia.

Se volete, potete guarnire il piatto con gli steli di erba cipollina e rondelle di carote lavorate in modo decorativo.

Empanadillas saporite di pollo

Difficoltà: difficile - Preparazione: 1 ora + 30 minuti - Cottura: 20 minuti

1 confezione di pasta brisée
500 g di pollo a pezzetti
1 cipolla tritata
100 g di pesche sciroppate
latte
olio extravergine d'oliva
sale
pepe macinato

In una padella con poco olio fate rosolare la cipolla; aggiungete i pezzetti di pollo e, appena sono dorati, versatevi anche le pesche tagliate a dadini. Salate, pepate e mettete da parte.

Schiacciate la pasta tra due fogli di carta pergamenata, togliete il foglio superiore e tagliate la pasta in cerchi di circa 10 cm di diametro.

Fate riscaldare il forno a 200 °C. Mettete al centro di ogni forma d'impasto 1 cucchiaino di farcitura di pollo e pesche; bagnate i bordi con un po' d'acqua, chiudete e schiacciate i bordi con una forchetta.

Spennellate le empanadas con il latte e cuocetele nel forno per circa 15 minuti. Potete servirle sia calde che fredde.

Per preparare le pesche sciroppate, scottatele per pochi istanti in acqua bollente, sbucciatele, tagliatele in quarti e privatele del nocciolo. Portate a bollore le pesche in uno sciroppo d'acqua e zucchero e dopo 5 minuti scolatele e distribuitele nei vasi; fate ridurre a metà lo sciroppo e versatelo sulle pesche. Chiudete i vasi e sterilizzate per una quarantina di minuti.

Involtini primavera

Difficoltà: media - Preparazione: 15 minuti - Cottura: 30 minuti

Fate rosolare in uno wok con un filo d'olio l'aglio e lo scalogno tritati; aggiungete il pollo tagliato a pezzettini e i gamberetti spezzettati e portate a metà cottura.

A questo punto unitevi le carote, il porro, e i funghi tagliati a julienne, i germogli di bambù e quelli di fagiolo, e la cipolla tagliata a fettine e fate saltare finché non saranno croccanti.

Aggiungete sale, pepe e salsa di soia, fate cuocere ancora per qualche minuto, quindi spegnete e lasciate raffreddare.

Nel frattempo, sbattete l'uovo con la maizena. Farcite con il ripieno la pasta per involtini, richiudete bene su tutti i lati e sigillate le chiusure con l'uovo.

Friggete gli involtini primavera in olio bollente e serviteli caldi accompagnandoli con la salsa di soia.

20 pezzi di pasta per involtini primavera
30 g di gamberetti
30 g di pollo
150 g di cipolla
150 g di carote
100 g di porro
150 g di germogli di bambù
100 g di funghi
200 g di germogli di fagiolo
20 g di scalogno
10 g d'aglio
0,2 dl di salsa di soia dolce
10 g di maizena
1 uovo
olio per friggere
sale
pepe

Indice delle ricette

voglia di CUCINARE

TITOLI IN COLLANA

Antipasti
classici e sfiziosi

Biscotti
cupcake e muffin

Bruschette
& crostoni

Cocktail
classici ed esotici

Crêpes
crespelle e pancakes

Crostate
torte e ciambelle

Dolci da forno
rustici e farciti

Gelati
sorbetti e frappé

Insalate
& insalatone

Liquori d'erbe
grappe e amari

Marmellate
conserve e gelatine

Microonde
cucinare sano e veloce

Pane e focacce
fatti in casa

Pesce
& frutti di mare

Pizze
focacce e calzoni

Riso e risotti
di carne, pesce e verdure

Salse e sughi
per ogni occasione

Spaghetti
& fantasia

Tartine
tapas e finger food

Torte salate
quiches e sformati